Aus dem Programm Huber: Psychologie Praxis

Ulrike Karren

Die Psychologie der Magersucht

Erklärung und Behandlung
von Anorexia nervosa

2., durchgesehene Auflage

Verlag Hans Huber
Bern Stuttgart Toronto

CIP-Titelaufnahme der Deutschen Bibliothek

Karren, Ulrike:
Die Psychologie der Magersucht : Erklärung und Behandlung
von Anorexia nervosa / Ulrike Karren. – 2., durchges. Aufl. –
Bern ; Stuttgart ; Toronto : Huber, 1990
  ISBN 3-456-81954-4

2., durchgesehene Auflage 1990
© 1986 Verlag Hans Huber, Bern
Gesamtherstellung: Kösel, Kempten
Printed in Germany

Vorwort

Dem Phänomen Anorexia nervosa, insbesondere der Anorexia nervosa bei Mädchen und jungen Frauen, ist dieses Buch gewidmet.

MARGOLIS (1985, p. 8 f), eine Anorektikerin, schreibt im Vorwort ihrer Autobiogaphie:

> »Ich glaube, daß es Anorexia nervosa nicht gibt; die Mediziner haben sie ausgeheckt, um endlich eine Erklärung zu haben, warum immer mehr Menschen – hauptsächlich Frauen – ihren Zorn durch die Verweigerung der Nahrungsaufnahme zum Ausdruck bringen. [...]
>
> Der Teufelskreis von Hungern und wieder Essen, der als charakteristisch für Magersucht gilt, erscheint mir oft als eine sich selbsterfüllende Prophezeiung. Du ißt, weil die andern wollen, daß es dir besser geht. Mit der Gewichtszunahme gewinnst du auch wieder an Eigenständigkeit. Dann attackieren sie dich wieder, versuchen dich weichzumachen, indem sie all die Ängste und den Zorn, die dich zum Hungern gebracht haben, wieder wachrufen. Sie warnen vor dem Rückfall; und du hörst auf sie und hörst wieder auf zu essen.
>
> Es gibt viele Behandlungsmethoden, diesen Teufelskreis zu durchbrechen. Nach meiner Erfahrung sind die meisten zum Scheitern verurteilt, weil sie das Phänomen behandeln, nicht die Person.«

Im folgenden unternehme ich den Versuch, bei Praktikern, insbesondere bei Psychologen, Verständnis für betroffene Personen zu schaffen, indem ich die Nosologie, Diagnostik und Epidemiologie des Phänomens beschreibe und seine Bestimmung, Erklärung und Behandlung in psychoanalytischen, feministischen, verhaltens- und familientherapeutischen Ansätzen vergleiche.

Die Darstellung nosologischer Probleme und epidemiologischer Befunde wird deutlich machen, wie komplex dieses Phänomen ist und wie groß die interindividuellen Unterschiede in der Population der Anorektikerinnen und ihre intraindividuellen Veränderungsmöglichkeiten sind. Der Fall jeder einzelnen Anorektikerin gleicht – wie BRUCH (1978) schreibt – einem einzigartigen, komplizierten Rätsel.

Die Darstellung und der Vergleich psychoanalytischer, feministischer, verhaltens- und familientherapeutischer Lösungsansätze wird zeigen, welche Vielfalt von Lösungswegen und -versuchen existiert. Dabei werden die Besonderheiten einzelner Ansätze, ihre Möglichkeiten und Grenzen hervorgehoben.

Die Diskussion schulenspezifischer Bestimmungs-, Erklärungs- und Behandlungsversuche der Anorexia nervosa wird deutlich machen, daß in verschiedenen Ansätzen selektiv bestimmte ätiologische und symptomatische Aspekte aufgegriffen werden. Sie soll belegen, daß schulenspezifische Lösungsansätze weder der allgemeinen Komplexität dieses Phänomens noch seiner individuellen Ausformung bei der einzelnen Anorektikerin gerecht werden.

Aus dem Wissen um die Komplexität der Anorexia nervosa und um interindividuelle Unterschiede und intraindividuelle Veränderungen bei Anorektikerinnen ergibt sich mein Anspruch, Psychologen und andere, die mit der Behandlung von Anorektikerinnen befaßt sind, von einer voreiligen, dogmatischen und einseitigen Antwort auf dieses Rätsel abzuhalten und sie zu einer differentiellen, klientengerechten Integration von Lösungsversuchen zu ermuntern. Denn nur diese entspricht der Besonderheit der Anorektikerinnen, ihrer individuellen Entwicklung und Symptomatik, ihrem individuellen Umfeld und damit auch den Bedürfnissen einzelner Klientinnen.

Eine klientengerechte Behandlung des Phänomens Anorexia nervosa kann sich nur aus der individuellen Diagnose, der Entwicklung individueller Bedingungshypothesen, der Formulierung individueller Therapieziele und Erfolgskriterien ergeben, die nach Möglichkeit gemeinsam mit der betroffenen Klientin therapiebegleitend erstellt, überprüft und gegebenenfalls verändert werden sollten.

Dabei kann sich der Praktiker sein Wissen um die hier dargestellten Lösungsansätze zunutze machen, indem er daraus konkurrierende Hypothesen und alternative Interventionsmöglichkeiten ableitet und ihre Gültigkeit und Nützlichkeit im Einzelfall überprüft.

Im folgenden versuche ich, praktische Erfahrungen, die ich in privaten und beruflichen Begegnungen mit Anorektikerinnen und in Selbsterfahrungs- und Selbsthilfegruppen für Frauen mit Eßstörungen, am Psychologischen Ambulatorium der Universität Trier und in der Fachklinik Thommener Höhe, Daun-Darscheid, gewonnen habe, mit theoretischem Wissen über Anorexia nervosa und Modelle psychologischer Intervention, mit meinen Wertvorstellungen in bezug auf psychologische Haltungen und mit meinen wissenschaftstheoretischen Überzeugungen zu verbinden.

Viele Fragen, auf die ich bei der Auseinandersetzung mit der Diagnose, Erklärung und Behandlung der Anorexia nervosa gestoßen bin, sind hier nur angeschnitten, viele habe ich vielleicht noch gar nicht entdeckt, einige werde ich vermutlich in wenigen Wochen oder Monaten auf dem Hintergrund neuer Informationen und Erfahrungen und neuer Ideen anders beantworten.

Das heißt, dies ist das vorläufige Ergebnis einer Auseinandersetzung mit dem Phänomen Anorexia nervosa. Es soll nicht als endgültige Antwort verstanden werden, sondern vielmehr als Sammlung von Hypothesen, die zum Weiter-Fragen und auch zur Suche nach alternativen Antworten verleiten kann.

Ich bedanke mich bei meinen Eltern und Großeltern, meinen Lehrern, insbesondere Prof. Dr. Leo Montada und Dr. Jürgen Lohmann, und meinen Freunden, insbesondere Manfred Schmitt und Lothar Derber, aber auch bei Prof. Dr. Meinrad Perrez, die mich in meiner Arbeit am vorliegenden Buch unterstützt haben.

Ulrike Karren

Inhalt

Abbildungsverzeichnis

1 Nosologie

Anorexia nervosa ist eine *psychogene Eßstörung mit psychosomatischen Folgeerscheinungen*, die vorwiegend bei Mädchen und jungen Frauen auftritt.

Unangemessen wäre ihre Bezeichnung als nosologische Einheit in SCHMIDTKES (1980, p. 63 f) Sinn, als »in sich geschlossene Einheit von Symptomatik, Ätiologie, zugrundeliegendem somatischem Befund, Ansprechen auf bestimmte therapeutische Maßnahmen, Verlauf und Ausgang«.

Zu ihren *Symptomen* zählen beobachtbare Verhaltensweisen, Emotionen und Kognitionen, die zum Teil zur Erklärung des beobachtbaren Verhaltens von Anorektikerinnen herangezogen werden.

Auffällig ist der beträchtliche, mit der Angst vor einer Gewichtszunahme einhergehende Gewichtsverlust betroffener Mädchen und Frauen, den sie durch ungewöhnliches Eß- und Gewichtsregulationsverhalten, durch Verweigerung der Nahrungsaufnahme, selbstinduziertes Erbrechen oder Mißbrauch von Abführmitteln selbst herbeiführen.

Die eindeutige Abgrenzung der Anorexia nervosa gegenüber anderen Störungen, insbesondere gegenüber anderen Eß- und Gewichtsstörungen, ist problematisch.

Schwierig ist die *Unterscheidung von Bulimie und Anorexie,* wenn ein auf Anorexie hinweisender Gewichtsverlust nicht durch Einschränkung der Nahrungsaufnahme oder durch totales Fasten sondern durch selbstinduziertes Erbrechen oder die Einnahme von Abführmitteln herbeigeführt wird. BOSKIND-LODAHL (1976) spricht hier von »Bulimarexia«, VANDEREYCKEN & PIERLOOT (1981) nennen diese Störung »Bulimia nervosa«, CRISP veröffentlichte 1981/82 einen Artikel mit dem Titel »Anorexia nervosa at normal body weight! – The abnormal normal weight control syndrome«. Er verweist auf den Umstand, daß bei bestimmten Mädchen alle Symptome der Anorexia nervosa mit Ausnahme eines beträchtlichen Gewichtsverlustes vorhanden sind.

VANDEREYCKEN & PIERLOOT (1981, 1983) schlagen eine *dimensionale Betrachtung von Eß- und Gewichtsstörungen* vor, die in Abbildung 1 wiedergegeben ist (vgl. ANDERSEN 1983).

Neben anderen psychosomatischen Störungen gilt Anorexia nervosa als *frauenspezifische Störung,* da sechzehnmal mehr Frauen als Männer davon betroffen sind.

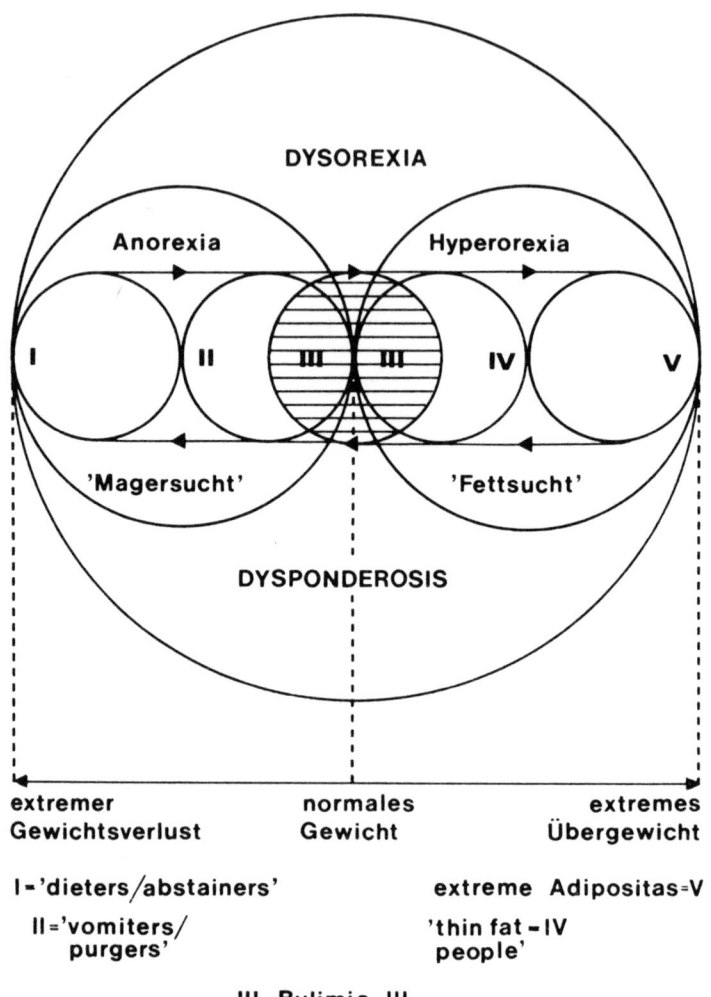

DYSOREXIA

Anorexia   Hyperorexia

I   II   III   III   IV   V

'Magersucht'   'Fettsucht'

DYSPONDEROSIS

| extremer | normales | extremes |
| Gewichtsverlust | Gewicht | Übergewicht |

I='dieters/abstainers'   extreme Adipositas=V

II='vomiters/   'thin fat -IV
purgers'   people'

III= Bulimia=III
nervosa

Abbildung 1. Das Dimensionale Modell der Eß- und Gewichtsstörungen von VANDEREYCKEN & PIERLOOT (1981, p. 72). Es zeigt ein Kontinuum mit Anorexia nervosa am einen und Adipositas am anderen Pol. Störungen des Eßverhaltens sind auf der Dimension Dysorexia, Störungen der Gewichtsregulation auf der Dimension Dysponderosis angesiedelt. VANDEREYCKEN & PIERLOOT vermuten, daß die Mehrzahl der Personen mit Eß- und Gewichtsstörungen im Lauf der Zeit von einer der abgebildeten fünf Gruppen der fastenden, sich übergebenden oder Abführmittel mißbrauchenden, eß- und magersüchtigen, »dünnen« dicken und extrem übergewichtigen Personen zur anderen wechseln. Dabei ist nicht nur eine Entwicklung von der Adipositas zur Bulimia nervosa oder zur Anorexia nervosa sondern auch eine umgekehrte Entwicklung möglich – vor allem dann, wenn eine Therapie der Anorexia nervosa fehlschlägt.

Aufgrund epidemiologischer Untersuchungsergebnisse ist zu vermuten, daß ihre Entwicklung durch die besonderen Lebensbedingungen junger Frauen der oberen Mittel- und Oberschicht in urbanisierten, industrialisierten Regionen begünstigt wird.

Zur Art dieser Lebensbedingungen und zur Art ihres Wirkens meint DOMINICK (1982, p. 2–4):

»Kennzeichnend für die anorektische Symptomatik auf der Ebene des subjektiven Empfindens sind Gefühle der inneren Leere, mangelnder Autonomie, Ich-Schwäche, sexuelles Desinteresse, Hilflosigkeit. Aus feministischer Sicht hängt dies eng mit den herrschenden Vorstellungen von Weiblichkeit und mit der psychischen Entwicklung von Frauen zusammen. Die Stellung der Frau in der modernen Industriegesellschaft mit ihren patriarchalischen Strukturen ist dadurch gekennzeichnet, daß Frauen keine eigenständige Identität zugestanden wird, sowohl was ihre gesellschaftliche Bedeutung angeht [...] als auch ihre individuelle Persönlichkeit [...]. Auf dieser Basis entwickeln Frauen spezifische, durch Sozialisationserfahrungen – vor allem in der Familie – geprägte Strategien der Situationsbewältigung [...]. Psychische Störungen sind als ›mehr vom selben‹ zu betrachten, d. h. sie stellen scheiternde und als abweichend geltende Ausprägungen der Strategie zur Bewältigung von Alltagsproblemen dar [...].

Für Mädchen in der Pubertät, dem Zeitraum, in dem die meisten Fälle von Anorexia nervosa zu finden sind, hat der eigene Körper eine besondere Bedeutung. Die einsetzenden Veränderungen kennzeichnen das Mädchen als Frau, wodurch sie sich mit den (vielfach widersprüchlichen) Erwartungen, die in dieser Rolle an sie gerichtet werden, auseinandersetzen muß.

[...] Nach BOSKIND-LODAHL stellt das anorektische Verhalten das übertriebene Streben nach nahezu perfekter Anpassung an die weibliche Rolle dar. [... vgl. 4.2, Abbildung 11.]

Eine Antwort auf die Frage der Symptomwahl ist mit Blick auf die positive Funktion des Eß- bzw. Hungerverhaltens möglich: es vermittelt ein Gefühl der Kontrolle/Macht über den eigenen Körper; diese Macht ist notwendig, um die einzig bekannte Form der Identität, nämlich die der ›abgeleiteten Identität‹ zu erlangen.«

DOMINICKS Aussage zeichnet sich dadurch aus, daß sie einen einzelnen prädisponierenden, auslösenden und aufrechterhaltenden Faktor, die Sozialisation als Frau, sehr stark hervorhebt, aufzeigt, wie dieser Faktor durch andere, zum Beispiel die patriarchalische Struktur und Kultur der Industriegesellschaft, geprägt ist, und zu einer spezifischen prädisponierenden Strategie der Situationsbewältigung führt, als deren Sonderform sich unter dem Einfluß eines weiteren auslösenden Faktors, altersbedingter Veränderungen des Körpers, und der gesellschaftlichen Erwartungen schließlich die Anorexia nervosa entwickelt, die durch die positiven Folgen des symptomatischen Verhaltens aufrechterhalten wird. Unter

Zuhilfenahme des Konzepts der »abgeleiteten Identität«, welches im paradigmatischen Rahmen der feministischen Theorien entwickelt wurde, fügt DOMINICK Ergebnisse epidemiologischer Untersuchungen so zusammen, daß sie mit einer Reihe von Annahmen über Ursachen und Wirkungen der Pathogenese der Anorexia nervosa korrespondieren.

DOMINICKS Aussage stellt jedoch nur *eine* mögliche Interpretation epidemiologischer Ergebnisse dar. Altenativen sind denkbar und werden bei der Vorstellung psychoanalytischer, verhaltens- und familientherapeutischer Ätiologietheorien zur Anorexia nervosa aufgezeigt.

Neben den bereits genannten werden weitere prädisponierende, auslösende und aufrechterhaltende, soziokulturelle, familiäre, intrapsychische und biologische Faktoren vermutet, die durch ihr Zusammenwirken die Entwicklung der Anorexia nervosa beeinflussen. Einen Überblick vermittelt Abbildung 2.

Der Zusammenstellung dieser Faktoren kommt heuristische Funktion für Theorienbildung und Einzelfall-Therapie zu, da in ihr enthaltene Annahmen durch weitere empirische Studien zu überprüfen sind, und da diese Zusammenstellung nur Annahmen über die Faktoren enthält, von denen am häufigsten vermutet wird, daß sie an der Entwicklung der Anorexia nervosa beteiligt sind – wobei interindividuelle Unterschiede zwischen Anorektikerinnen vernachlässigt werden.

Weder die Einflüsse prädisponierender, auslösender und aufrechterhaltender Bedingungen anorektischer Entwicklungsverläufe noch die Einflüsse biologischer, intrapsychischer, familiärer und soziokultureller Faktoren können klar voneinander abgegrenzt werden.

So können beispielsweise widersprüchliche Erwartungen, die mit der weiblichen Geschlechtsrolle verknüpft sind, prädisponierend, auslösend und aufrechterhaltend an der Entwicklung der Anorexia nervosa beteiligt sein.

So führt der Eintritt in die Pubertät zu Veränderungen auf der biologischen, intrapsychischen, familiären und soziokulturellen Dimension, die durch Wechselwirkungen miteinander verbunden sind.

Einzelne der abgebildeten Faktoren sind auch an der Entwicklung anderer Störungen beteiligt.

Während in medizinischen Ansätzen die biologische Dimension der anorektischen Entwicklung im Vordergrund steht und sich Vertreter psychobiologischer Ansätze für Wechselwirkungen psychischer und somatischer Phänomene interessieren, werden in psychoanalytischen, verhaltens- und familientherapeutischen Ansätzen Vorgänge zwischen biologischer, intrapsychischer und familiärer Dimension thematisiert. Nur in feministischen Ätiologietheorien der Anorexia nervosa findet sich

	Soziokulturelle Dimension	Familiäre Dimension	Intrapsychische Dimension	Biologische Dimension
Prädisponierende Bedingungen	Industrialisierung, Urbanisierung, Bildung von Kleinfamilien, Normen der Mittel- und Oberschicht, Konsum- und Leistungsorientierung, widersprüchliche, geschlechtsrollenspezifische Erwartungen	starre Familienstruktur, gestörte elterliche und geschwisterliche Beziehungen, ambivalente Beziehung von Mutter und Tochter, Vermeidung des offenen Ausdrucks von Gefühlen und Konflikten in der familiären Interaktion, psychosomatische Störungen bei Familienangehörigen	eingeschränkte Entwicklung der (Geschlechts-) Identität und des Selbstwertgefühls	Zugehörigkeit zum weiblichen Geschlecht
Auslösende Bedingungen	säkulare Akzeleration, verlängerte Ausbildungszeit und Zeit der ökonomischen Abhängigkeit vom Elternhaus	(erwartete) Ablösung der Tochter aus der Familie, (erwartete) Konsequenzen	pubertätsspezifische Probleme mit biologischer Reifung, Sexualität, gesellschaftlichen (Geschlechts-) Rollenerwartungen, Ablösung von der Familie	körperliche Reifungsprozesse, Entwicklung der Geschlechtsmerkmale in der Pubertät
Aufrechterhaltende Bedingungen	wie oben	wie oben	Störungsleugnung, Beeinträchtigung des Selbstwertgefühls durch die Sonderstellung in der Familie und die Kontrolle körperlicher Funktionen	somatische Folgen der Unter- und Mangelernährung

Abbildung 2. Entwicklungsbedingungen der Anorexia nervosa.

eine intensive Auseinandersetzung mit soziokulturellen Entwicklungs-
faktoren.

Bei vielen, sicherlich nicht allen Betroffenen ist Anorexia nervosa als
*Produkt einer konflikthaften, alters-, geschlechts-, schicht- und kulturspe-
zifischen Auseinandersetzung mit der eigenen Person und der sozialen, vor
allem familiären Umwelt* zu verstehen.

Anorexia nervosa manifestiert sich in der Regel zwischen dem 13. und
25. Lebensjahr.

Zu ihrem *Verlauf* meint CREMERIUS (1978), daß
- ein Drittel der Anorektikerinnen anorektisch bleibt und die Störung
  chronisch verläuft,
- ein Drittel der Anorektikerinnen zwar die anorektische Symptomatik
  verliert, aber weiterhin psychisch schwer gestört bleibt,
- ein Drittel der Anorektikerinnen die anorektischen Symptome verliert
  und sich das psychische Befinden bessert.

Angaben zur Sterblichkeit anorektischer Personen schwanken und
liegen im Durchschnitt bei zehn Prozent.

Anorexia nervosa wird *somato- und psychotherapeutisch* behandelt.
Die Überlegenheit spezifischer Behandlungsverfahren gegenüber anderen
hinsichtlich ihrer »Therapieerfolgsquoten« und die Annahme, daß psychotherapeutisch behandelten Personen keine bessere Prognose gestellt
werden kann als unbehandelten Personen, sind umstritten.

Allgemein kann laut SILVERMAN (1977) zumindest erwartet werden,
daß somatische Symptome der Anorexia nervosa verschwinden, wenn
sich die Betroffenen wieder normal ernähren und ein normales Gewicht
halten.

2 Diagnostik

In Forschung und Praxis verwandten Diagnosekriterien der Anorexia nervosa liegen laut FICHTER & FOUKI (1981, p. 56) in der Regel Beobachtungen an behandelten Personen zugrunde,

> »während über die Symptomatik unbehandelter Fälle wenig bekannt ist (CREMERIUS 1978). In den verwendeten Kriterien wird deshalb das Ausmaß des Untergewichts und damit zusammenhängender (körperlicher) Symptome überbewertet und Bereiche der Psychodynamik, der Einstellungen, des Verhaltens und der Interaktionen in der Familie vernachlässigt.«

Da die »letzten Ursachen« der Anorexia nervosa nur vermutet werden können, wird sie syndromatisch definiert. Einzelne Symptome werden zu ihrer Diagnose kombiniert, wobei es von der theoretischen Grundausrichtung des Diagnostikers abhängt, welche Symptome er beachtet und wie er sie – möglicherweise aufgrund ätiologischer Annahmen – gewichtet.

Zur Diagnose und Psychopathometrie der Anorexia nervosa werden objektive Messungen (z. B. des Körpergewichts), Fremd- und Selbsteinschätzungsverfahren eingesetzt. Besonders häufig werden *Diagnosekriterien von* FEIGHNER *et al. (1972),* die ANDERSEN (1977) als valide und reliabel bezeichnet, bei Fremdeinschätzungen zugrunde gelegt. MEERMANN (1982, p. 46) faßte FEIGHNERS Kriterien wie folgt zusammen:

> »1. Beginn der Erkrankung vor dem 25. Lebensjahr (obwohl es auch eine sogenannte ›Erwachsenform‹ gibt).
> 2. Einschränkung der Nahrungsaufnahme, gefolgt von einem Gewichtsverlust von mindestens 25 Prozent des ursprünglichen Körpergewichts.
> 3. Eine verzerrte und nicht korrigierbare Einstellung gegenüber Essen, Nahrung oder Gewicht, die trotz Hunger, Ermahnungen, Bekräftigungen oder Drohungen weiter besteht, zum Beispiel:
>   a) Krankheitsverleugnung, die gekoppelt ist mit der Unfähigkeit, den notwendigen Kalorienbedarf zu erkennen;
>   b) Offensichtliches Vergnügen am Gewichtsverlust mit deutlichen Anzeichen dafür, daß die Nahrungsverweigerung als angenehm erlebt wird;
>   c) Ein angestrebtes Body-Image (Körperschema, Körperidealbild) von extremer Magerkeit mit deutlichem Hinweis darauf, daß das Erreichen und Einhalten dieses Idealbildes für die Patienten belohnend ist;
>   d) Ungewöhnliches Horten und Umgehen mit Nahrungsmitteln.

4. Keine bekannte, körperliche Krankheit, die für die Anorexie oder den Gewichtsverlust verantwortlich zu sein scheint.
5. Keine andere psychiatrische Erkrankung, besonders keine endogene Depression, Schizophrenie, Zwangsneurose oder Phobie. (Dabei wird angenommen, daß die Nahrungsverweigerung zwar durchaus phobische oder zwanghafte Züge aufweisen kann, dies jedoch allein nicht für die Diagnose einer Zwangsneurose oder Phobie hinreicht.)
6. Mindestens zwei der folgenden sechs Symptome müssen vorhanden sein:
   a) Amenorrhoe (Nichteintreten oder Ausbleiben der Regelblutung);
   b) Lanugobehaarung (Primär- oder Flaumhaar am ganzen Körper, das bei normaler Entwicklung in der Pubertät durch Terminalhaar ersetzt wird);
   c) Bradycardie (langsame Herzschlagfolge; Puls von 60 und weniger);
   d) Perioden der Hyperaktivität;
   c) Bulimische Episoden (Heißhunger und Freßattacken);
   f) Erbrechen (zum Teil selbst herbeigeführt).«

Zu den zitierten Diagnosekriterien ist folgendes anzumerken:

Die Bestimmung von Altersgrenzen, innerhalb derer eine anorektische Störung auftritt, ist problematisch, da sich nicht alle anorektischen Symptome gleichzeitig manifestieren müssen, so daß die volle Symptomatik manchmal erst sehr spät, zuweilen erst im vierten Lebensjahrzehnt, zu beobachten ist. Die Mehrzahl anorektischer Störungen entwickelt sich jedoch tatsächlich in der Zeit der Pubertät und Adoleszenz.

Daß FEIGHNER et al. (1972) bei der Diagnose das ursprüngliche Körpergewicht als Ausgangswert zugrunde legen, kann dazu führen, daß auch Normalgewichtige, ja sogar Übergewichtige zur Gruppe der Anorektikerinnen gezählt werden – zumal ein Teil der Betroffenen vor Einsetzen der Symptomatik übergewichtig ist. Die Forderung, daß das ursprüngliche Gewicht um mindestens 25% reduziert sein muß, wenn eine anorektische Störung diagnostiziert wird, sollte aufgrund der Beobachtung überdacht werden, daß bei Frauen, die weniger Gewicht verlieren, andere Symptome wie Angst vor einer Gewichtszunahme oder vor Essen stärker ausgeprägt sein können (vgl. FRIES 1977).

Körperliche Krankheiten, die die Anorexie und den Gewichtsverlust verursachen könnten, sind nach PETZOLD (1977) unter anderem Simmond'sche Kachexie, Insuffizienz der Nebennierenrinde, Zystenniere, Hyperthyreose, Karzinome Malabsorptionssyndrom, Colitis ulcerosa, Morbus Crohn, chronische Infektionen, Hepatitis und Pankreatitis.

Amenorrhöe gilt als obligates Zeichen der Anorexie, das sich nicht durch chronische Unterernährung erklären läßt, sondern sogar Initialsymptom sein kann. Dagegen sind Lanugobehaarung und Bradykardie Sekundärsymptome, die neben anderen Folgen der Unterernährung auftreten (MESTER 1981).

Daß FEIGHNER et al. auch bulimische Episoden und (selbstinduziertes) Erbrechen zu ihren Diagnosekriterien zählen, weist darauf hin, daß sie nicht scharf zwischen Anorexia nervosa und Bulimie unterscheiden. Auch ein Teil bulimischer Frauen könnte anhand dieser Kriterien als Anorektikerinnen identifiziert werden.

Aufgrund der fließenden Übergänge anorektischer zu anderen Störungen, ihrer Ähnlichkeit in Ätiologie und Symptomatik und der intraindividuellen Entwicklungsmöglichkeiten im Störungsverlauf sollte die Diagnose »Anorexia nervosa« als Arbeitshypothese verstanden werden, die im Therapieprozeß immer wieder überprüft und gegebenenfalls revidiert werden muß (ECKART 1981). Aufgrund der großen Unterschiede, die zwischen Anorektikerinnen beobachtet wurden, sollte die Zuordnung einer Person zur Population der Anorektikerinnen als erster Schritt zur Differentialdiagnose verstanden werden, bei der individuelle Symptomausprägung und -konstellation und Störungsentwicklung zu berücksichtigen sind.

Zur Unterscheidung anorektischer und nicht-anorektischer Personen und zur Erfassung intraindividueller Veränderungen bei Anorektikerinnen im Verlauf einer Therapie schufen FICHTER & KEESER (1980) ANIS, das »*Anorexia nervosa Inventar zur Selbstbeurteilung*«, in dem Figurbewußtsein, Überforderung, Anankasmus, negative Auswirkungen des Essens, sexuelle Ängste und Bulimie thematisiert werden. Ein Anwendungsbeispiel von ANIS im Rahmen einer Einzelfallanalyse findet sich bei LAESSLE (1982).

In englischer Sprache liegt ein Fragebogen von JOHNSON (1984) vor, der dem Erstgespräch mit Anorektikerinnen und Bulimikerinnen zugrunde gelegt werden kann, der *Diagnostic Survey for Eating Disorders*, DSED. Neben demographischen Informationen werden Angaben zur Gewichtsentwicklung, zum Körperbild, zum Eß- und Diätverhalten, zur Gewichtsregulation durch selbstinduziertes Erbrechen oder Gebrauch von Abführmitteln oder Sport, zu depressiven Verhaltenstendenzen und Störungen der Impulskontrolle wie Kleptomanie, Promiskuität und Neigung zur Selbstverstümmelung, zum Sexualverhalten, zur Menstruation, zur medizinischen und psychiatrischen Vorgeschichte, zur Qualität zwischenmenschlicher Beziehungen, zu Auslösern der Eßstörung, zu psychosomatischen Störungen bei Familienangehörigen erfragt. So sollen biologische, psychologische und soziale Faktoren identifiziert werden, die das spezifische Eßverhalten einzelner Klientinnen bedingen. Die Unterscheidung verschiedener Personengruppen mit Eßstörungen soll ermöglicht und die Auswahl differentieller Behandlungsstrategien soll erleichtert werden.

3 Epidemiologie

Untersuchungen der Zunahme und Verbreitung der Anorexia nervosa lassen, wie bereits erwähnt, vermuten, daß die Entwicklung dieser Störung durch die besonderen Lebensbedingungen junger Frauen der oberen Mittel- und Oberschicht in urbanisierten, industrialisierten Regionen begünstigt wird.

3.1 Soziokulturelle Verbreitung

»Nach bisherigen Forschungsergebnissen tritt die Anorexia nervosa bevorzugt, wenn nicht ausschließlich, in industriell und kulturell höher entwickelten Ländern auf. So kommen die meisten Untersuchungen und Falldarstellungen aus den USA und Westeuropa [...].
Eine definitive Aussage über die Beschränkung der Anorexia nervosa auf diese Länder kann jedoch aufgrund der Schwierigkeiten, mit denen Untersuchungen in anderen Ländern konfrontiert sind, nicht gemacht werden. Zusätzlich zu organisatorischen und finanziellen Problemen würde in Indien eine Anorexia nervosa gar nicht weiter auffallen, da dort bei 30% (75 von 250) der ›gesunden‹ Frauen ein Gewicht von nur 38 kg festgestellt wurde, was in etwa einem Anorexia-nervosa-Gewicht entspricht.« (HOFNER 1978, p. 14).

Geht man davon aus, daß Unterschiede der Verbreitung von Anorexia nervosa in verschiedenen Regionen und Kulturen, ihre häufige Beobachtung in Westeuropa, in Japan oder Nordamerika, ihre scheinbare Nicht-Existenz in Australien oder Afrika, nicht nur auf Unterschiede epidemiologischer Erhebungsmethoden und psychiatrischer Diagnostik in diesen Erdteilen und Kulturkreisen zurückzuführen sind, liegt die Vermutung nahe, daß die besonderen Lebensbedingungen in urbanisierten und industrialisierten Regionen mit hohem Lebensstandard nicht nur das »kollektive Diätverhalten weiblicher Jugendlicher und junger Frauen« (PUDEL 1985) sondern auch die Entwicklung und Verbreitung der Anorexia nervosa und anderer psychosomatischer Störungen fördern (WIRSCHING & STIERLIN 1982).
Am Beispiel von MESTERS (1981) Zusammenstellung der Erkrankungs-jahrgänge von 276 anorektischen Klienten, die von 1928 bis 1975 in der

Universitätsklinik Münster behandelt wurden, soll Abbildung 3 einen Eindruck der Zunahme anorektischer Störungen innerhalb unserer Sozio-kultur in den vergangenen Jahrzehnten vermitteln (vgl. THEANDER 1970; WILLI + GROSSMANN 1983).

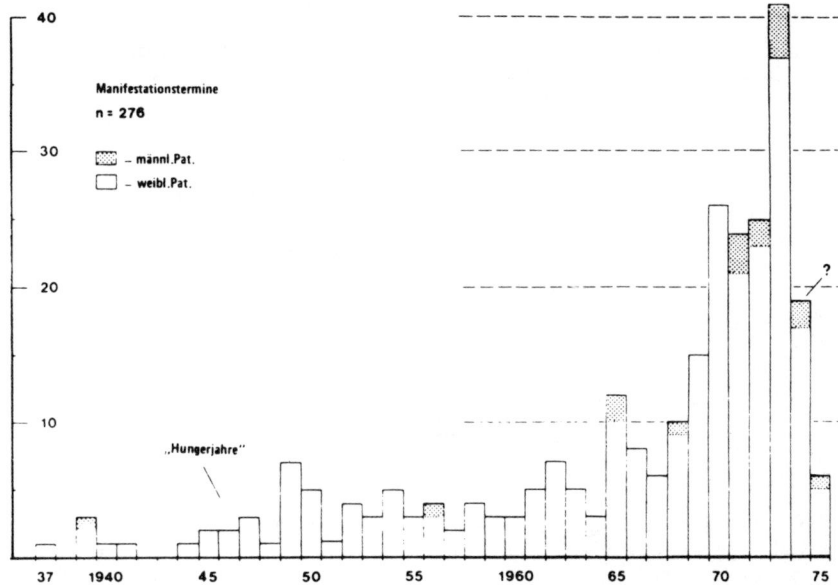

Abbildung 3. Erkrankungsjahr von 259 weiblichen und 17 männlichen anorekti-schen Klienten, die von 1928 bis 1975 in der Universitätsklinik Münster unter-sucht wurden (aus: MESTER 1981, p. 205).

Folgt man der Idealvorstellung einer gleichförmigen Zunahme der Fälle von Anorexia nervosa, die in Münster behandelt wurden, ergibt sich aus einem Vergleich des ersten und letzten von MESTER (1981) untersuchten Fünfjahresintervalls eine durchschnittliche Zuwachsquote von 110,5% Neuerkrankungen pro Jahr für den gesamten Zeitraum, den MESTER untersuchte. Das heißt, jedes Jahr nimmt die Zahl der jemals an Anorexia nervosa erkrankten und von MESTER untersuchten Personen um das 1,105fache der Summe der Neuerkrankungen des Vorjahres zu.

Nach Angaben von DER SPIEGEL (1985) hat sich die Häufigkeit der Anorexie in Deutschland im letzten Jahrzehnt verdreifacht. Jede siebente Pubertierende muß hier demnach als »Risikofall« gesehen werden. Ver-mutet werden in der Bundesrepublik 60 000 Anorektikerinnen, mehr als ein Prozent der sechzehn- bis dreißigjährigen Frauen.

23

Anorexia nervosa tritt gehäuft in der oberen Mittel- und Oberschicht auf (MORGAN & RUSSELL 1975).

Abbildung 4 zeigt die Verteilung von 41 Familien, deren Tochter (in 38 Fällen) oder Sohn (in 3 Fällen) in den Jahren 1959 bis 1966 zur Gewichts-restitution ins Maudsley Hospital eingeliefert wurde, über fünf soziale Schichten.

Die Zuordnung zu den Schichten erfolgte ausgehend vom Beruf des Vaters nach Registrar General's Classification.

Distribution of Family social class compared with general population

Social class	No. of cases	% Of series	% In general population
I	18	44,0	3,3
II	9	21,9	14,6
III	13	31,7	52,9
IV	1	2,4	11,0
V	0	0	13,2
Total	41	100,0%	100,0%

Abbildung 4. Verteilung von 41 Familien mit einem anorektischen Mitglied über soziale Schichten im Vergleich mit der Grundpopulation (aus: MORGAN & RUSSELL 1975, p. 361).

Beim Vergleich dieser Verteilung mit der Verteilung von Familien in der Grundpopulation stellten MORGAN & RUSSELL einen unerwartet hohen Anteil von Familien der oberen Mittel- und Oberschicht und einen unerwartet geringen Anteil von Familien der unteren Mittel- und Unter-schicht fest.

»Damit nähme die Anorexia nervosa im Vergleich zu einigen anderen psycho-somatischen Störungen eine Sonderstellung ein, und zwar [...] dadurch, daß sie sogar positiv mit mittleren und hohen Einkommensverhältnissen und Bildungsgraden korreliert. Dieser Befund ließ sich nicht ohne weiteres erwar-ten, wenn man die grundsätzlich stärkere Somatisierungstendenz in den unte-ren [...] Sozialklassen bedenkt.« (MESTER 1981, p. 153).

Bei der Untersuchung verschiedener Gruppen von psychosomatisch erkrankten Patienten, die zwischen 1971 und 1981 in einer norwegischen Klinik behandelt wurden, fand ASKEVOLD (1982), daß nur der soziale Status der 112 anorektischen Personen, die er in die Untersuchung einbezog, höher war als der einer Vergleichsgruppe gesunder Personen. Dies weist darauf hin, daß der übergroße Anteil von Personen aus der Mittel- und Oberschicht an der Summe anorektischer Klienten nicht allein Resultat eines schichtspezifischen Zugangs zu behandelnden Institutionen oder einer schichtspezifischen Zuweisung zu medizinischen beziehungsweise psychotherapeutischen Behandlungsprogrammen sein kann. Vielmehr ist zu vermuten, daß besondere Lebensbedingungen in der oberen Mittel- und Oberschicht, etwa schichtspezifische Werte und Verhaltensformen, die Entwicklung der Anorexia nervosa fördern.

3.2 Verbreitung in bestimmten Familien

Während spezifische Merkmale der Eltern und nahen Blutsverwandten von Anorektikerinnen und Lebensbedingungen in ihren Herkunftsfamilien vielfach untersucht wurden, finden sich kaum Angaben über die Familien, welche erwachsene Anorektikerinnen selbst gegründet haben.

Dies mag zum Teil darauf zurückzuführen sein, daß die Mehrzahl der Anorektikerinnen relativ jung ist und tatsächlich noch in der Herkunftsfamilie lebt. Naheliegend ist aber auch die Vermutung, daß diese Forschungslücke dadurch mitbedingt ist, daß ätiologische Theorien zur Anorexia nervosa der kindlichen Entwicklung und der Beziehung der Anorektikerin zu ihren Eltern unter dem Einfluß der Psychoanalyse größte Bedeutung beimessen.

Da Beobachtungen der Familienangehörigen, familiären Strukturen und Interaktionsmuster in Herkunftsfamilien von Anorektikerinnen selten mit Beobachtungen der Familienangehörigen, familiären Strukturen und Interaktionsmuster anderer Familien verglichen wurden, bleibt meist offen, ob Untersuchungsergebnisse »typisch« für Familien mit einem anorektischen Mitglied sind.

3.2.1 Störungen bei und Merkmale von Familienangehörigen

Bei der Hälfte der aus der Literatur bekannten eineiigen Zwillingspaare, bei denen eine Anorexia nervosa auftrat, entwickelten beide Geschwister anorektische Symptome (MESTER 1981; NOWLIN 1983).

Daß dieses gehäufte Auftreten der Störung bei Angehörigen einer Familie nicht unbedingt auf Erbeinflüsse zurückzuführen ist, sondern daß auch Umwelteinflüsse, denen beide Zwillinge gemeinsam ausgesetzt waren, die Entwicklung der Anorexia nervosa begünstigen könnten oder daß eine Art Modellernen stattgefunden haben könnte, in dessen Verlauf ein Zwilling den zuerst erkrankten anderen imitierte, zeigt der Fall einer von CRISP & TOMS (1972) beschriebenen Familie. Hier entwickelte nicht nur der Sohn sondern auch eine nicht verwandte Adoptivtochter und ein zweites Mädchen, das sich eine Zeit lang in dieser Familie aufhielt, anorektische Symptome.

BRUCH (1973), SELVINI PALAZZOLI (1978) und KALUCY et al. (1977) berichten von deutlich gestörtem Eßverhalten in Familien mit anorektischen Kindern.

GARFINKEL et al. (1983) fanden bei der Auswertung der Angaben von Angehörigen aus 23 Familien mit anorektischen Töchtern und von Angaben von Angehörigen aus 12 hinsichtlich ihrer Schichtzugehörigkeit vergleichbaren Familien im Eating-Attitudes-Test keine Hinweise auf außergewöhnliche Einstellungen der Eltern von Anorektikerinnen zu Gewichtskontrolle und Diät. Während die Mütter der Anorektikerinnen ihren eigenen und den Körperumfang ihrer Töchter angemessen einschätzten und wie Väter wünschten, daß ihre Töchter wesentlich dicker wären, unterschätzten die Väter den Körperumfang der Anorektikerinnen. Hinsichtlich ihrer Zufriedenheit mit dem eigenen Körper unterschieden sich die Eltern anorektischer Töchter nicht bedeutsam von den Eltern der Vergleichsgruppe.

Neben Störungen des Eßverhaltens wurden bei Angehörigen von Anorektikerinnen gehäuft Magen-Darm-Störungen beobachtet.

Bei einem Drittel der Verwandten ersten Grades von 44 Anorektikerinnen stellten HALMI et al. (1977) eine Gastritis fest, bei einem Viertel lagen Störungen des Dickdarms vor, 16 Prozent litten an peptischen Geschwüren.

Wie bei Angehörigen anderer Kinder mit psychosomatischen Störungen treten bei Angehörigen von Anorektikerinnen gehäuft Depressionen auf (WINOKUR et al. 1980; HUDSON et al. 1983).

Angst, Nervorsität, hypochondrisches oder überprotektives Verhalten beobachtete WARREN (1968) bei 13 von 20 Müttern stationär behandelter Anorektikerinnen. Bei den Vätern fanden sich kaum auffällige Verhaltensmerkmale.

Dagegen fanden GARFINKEL et al. (1983) keine Unterschiede der psychometrischen Daten von Müttern anorektischer Töchter und anderen in Sixteen Personality Factor Questionnaire, Eysenck Personality Inventory, Hopkins Symptom Checklist, einer veränderten Form von ROTTERS Locus of Control Scale und Beck Depression Inventory. Bedeutsame Unterschiede fanden sich nur bei den Vätern. Die Väter der

Anorektikerinnen schrieben sich im Sixteen Personality Factor Questionnaire ein deutlich höheres Ausmaß an Gewissenhaftigkeit zu als andere.

Bei 9 von 13 Müttern, deren Töchter wegen Anorexia nervosa behandelt wurden, stellten TAIPALE et al. (1971) einen überdurchschnittlich
hohen Intelligenzquotienten fest, bei 6 Müttern war der IQ der Mutter
höher als der der Tochter. Da 12 Mütter vor der Erkrankung der Töchter
»nur« Hausfrauen waren und ihre Angaben im Rorschach-Test Anlaß zu
der Vermutung geben, daß sich diese Mütter anderen Personen gegenüber
sehr fordernd verhielten, stellte das Forscherteam die gewagte Hypothese
auf, daß diese intelligenten, als Hausfrauen unterforderten Frauen ihre
zum Teil weniger intelligenten Töchter möglicherweise durch zu hohe
Erwartungen überforderten.

3.2.2 Familiäre Beziehungen und Interaktionsmuster

Bei einem Vergleich von 32 Müttern und 36 Vätern, deren anorektische
Töchter zwischen 1971 und 1972 eine psychiatrische Klinik aufsuchten,
mit einer hinsichtlich des Lebensalters ähnlichen Gruppe von 240 Elternpaaren konnten CRISP et al. (1974) vor der Behandlung der Anorektikerinnen keine nennenswerten Unterschiede in der Verbreitung psychischer, psychosomatischer und somatischer Beschwerden zwischen beiden Elterngruppen feststellen. Jedoch sofort nachdem das Gewicht der
Anorektikerinnen wieder ihrem Normalgewicht entsprach, gaben ihre
Mütter im Middlesex Hospital Questionnaire auffallend häufiger als vor
der Behandlung der Töchter an, unter Ängsten und Phobien zu leiden.
Wie Abbildung 5 zeigt, traten bei den Vätern ähnliche Veränderungen
auf.

Allerdings zeigten Mütter, deren Partnerbeziehung aufgrund des Ein-
drucks aus dem diagnostischen Interview als schlecht eingeschätzt wurde,
im Vergleich zu anderen auffallend größere Veränderungen in der Ausprägung ihrer Ängste und somatischen Beschwerden und im Gesamtwert
des Middlesex Hospital Questionnaire. Väter mit schlechter Beziehung
zu ihrer Ehefrau unterschieden sich deutlich von anderen hinsichtlich
ihrer Veränderungen in der Ausprägung von Depressionen. Umgekehrt
waren zu Beginn der Behandlung bei Müttern von acht Patientinnen, die
mit größerem Erfolg hinsichtlich ihres somatischen Zustands, ihres
Eßverhaltens und der Qualität ihrer zwischenmenschlichen Beziehungen
therapiert wurden, auffallend niedrigere Ausprägungen von Depressionen zu verzeichnen als bei einer Vergleichsgruppe der Mütter von elf
anderen Anorektikerinnen.

Diese Ergebnisse legen die Vermutung nahe, daß eine schlechte Bezie-

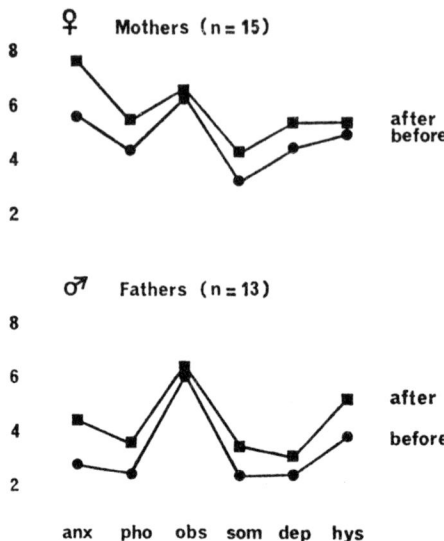

Abbildung 5. Mittelwerte der Antwortprofile im Middlesex Hospital Questionnaire von Eltern anorektischer Klientinnen vor und nach Wiedererreichung ihres Normalgewichts (aus: CRISP et al. 1974, p. 170).

hung zwischen den Eltern die Entwicklung der Anorexia nervosa fördern könnte – wobei jedoch zu berücksichtigen bleibt, daß in vorliegender Untersuchung etwa gleich viele elterliche Beziehungen als gut und schlecht eingeschätzt wurden.

Allerdings sind diese Annahmen spekulativ, da die untersuchten Elterngruppen klein waren, so daß angezweifelt werden muß, daß sie die Gesamtheit von Elternpaaren anorektischer Personen repräsentieren. CRISP et al. (1974) versäumen leider anzugeben, nach welchen Kriterien die Selektion der Eltern, die am Ende der Behandlung untersucht wurden, aus der Gesamtgruppe der eingangs untersuchten Elternteile erfolgte, so daß unklar bleibt, ob es sich bei der Reduktion der Versuchsgruppe um einen unspezifischen Ausfall untersuchter Personen handelt oder ob Personen mit bestimmten Merkmalen aus der Versuchsgruppe ausgeschieden sind. Außerdem ist nicht bekannt, wie die Merkmale der Eltern ausgeprägt waren, bevor ihre Töchter die anorektische Symptomatik zeigten. So ist nicht auszuschließen, daß die eingangs erhobenen Werte der Mütter und Väter bereits eine Reaktion auf die Erkrankung der Tochter abbilden. Da keine Vergleichsgruppe von Eltern gesunder Mädchen in die Wiederholungsmessung einbezogen wurde, ist außerdem nicht auszuschließen, daß die beobachteten Veränderungen der Eltern anorektischer Töchter auf einen Meßfehler zurückzuführen sind. Es wäre zum Beispiel denkbar, daß die therapeutische Behandlung, der sich auch die Eltern unterzogen, bei diesen zu einem veränderten Problembewußtsein und zu veränderter Antwortbereitschaft führte. Wie sich Störung und Genesung der Töchter und die tatsächliche Veränderung elterlicher Merkmalsausprägungen beeinflussen, welche Ursachen und welche Wirkungen angenommen werden können, bleibt offen. Gleiches gilt für die Frage, ob die beobachteten Merkmalsausprägungen spezifisch für Eltern von Anorektikerinnen sind oder auch bei Eltern anderer Patientengruppen auftreten.

Während DALLY (1969) von großen Unterschieden der Rollenverteilung in Familien mit anorektischen Kindern berichtet, geben SPERLING et al. (1982, p. 127) nach Durchsicht von 100 Krankenakten aus den Jahren 1955 bis 1966 und Befragung von 15 weiteren Anorektikerinnen an, daß in Familien mit einem anorektischen Mitglied zwei Arten von Beziehungskonstellationen und zwei Typen von Müttern zu unterscheiden sind:

»(1) Wenn die Großmutter noch mit im Hause lebte, fand sich regelhaft eine unselbständige und hilflose Mutter, die ständig von ihrer eigenen Mutter herumkommandiert wurde. (2) Der andere Typ der Mütter, regelhaft nach dem frühen Tod der Großmütter oder – seltener – nach unvermeidlicher Trennung von ihr aus äußeren Gründen zu finden, erschien kühl, hyperaktiv, tüchtig.«

Regelmäßig fand sich außerdem »ein kranker bzw. bereits verstorbener Vater, dessen Ansehen extrem idealisiert wurde«.

Immer wieder wird auf das Abhängigkeitsverhältnis verwiesen, das Anorektikerinnen und ihre Mütter verbindet (WARREN 1968). KALUCY et al. (1977) gelangten bei der Einschätzung familiärer Beziehungen in 56 Familien mit anorektischen Kindern zu dem Ergebnis, daß 77% der Kinder eine außergewöhnlich enge Beziehung zu mindestens einem Elternteil, häufiger zur Mutter, hatten, und daß 35% vor ihrer Behandlung mindestens einem Elternteil, häufiger dem Vater, sehr negative Gefühle entgegenbrachten.

Hingegen lassen Angaben von chronisch kranken Anorektikerinnen, die WIRSCHING (1978) testete und befragte, auf eine schwache Bindung dieser Jugendlichen an ihre Familie schließen. Meist lehnten sie Familie als Institution offen ab. Sie gaben zwar häufiger als andere chronisch kranke Jugendliche an, immer ein Lieblingskind ihrer Eltern gewesen zu sein, knapp die Hälfte von ihnen meinte jedoch, sie würden nervös, und mehr als die Hälfte, sie würden wütend, wenn sie mit ihren Eltern zusammen wären. Hier ist zu berücksichtigen, daß nach Beobachtungen von HOFNER (1978) an 51 anorektischen Kindern deren Beziehung zu ihren Eltern vor Beginn der Störung und nach Abklingen anorektischer Symptome besser zu sein scheint als während der Störung.

Die von HOFNER befragten Kinder schätzten die Beziehung zu ihren Geschwistern im Durchschnitt als schlechter ein als eine Gruppe von 57 gesunden Schülerinnen.

SELVINI PALAZZOLI (1975, 1978) analysierte das Kommunikationsverhalten von 35 Familien mit anorektischen Mitgliedern anhand von Videoaufzeichnungen aus Therapiestunden und charakterisierte es folgendermaßen:

Werden von Familienmitgliedern »Selbstdefinitionen« kommuniziert, teilen sie den anderen mit, wie sie sich in der Beziehung zu ihnen sehen, reagieren die anderen häufig, indem sie diese Definition verwerfen.

Eigene Bedürfnisse werden nur indirekt ausgedrückt und quasi »uneigennützig« vorgetragen. Eigenes Verhalten wird durch Berufung auf ideelle Prinzipien oder auf das Verhalten anderer begründet. Niemand nimmt die führende Position in der Familie offen und in seinem Namen in Anspruch.

Offene Allianzen zwischen Familienangehörigen sind verpönt. Die Vermeidung offener Koalitionen führt zur Unklarheit darüber, wer zu wem gehört, und geht mit der Bildung verdeckter Koalitionen einher.

Kein Familienmitglied ist bereit, für das, was in der Familie passiert, Verantwortung zu übernehmen. Sie wird entweder an andere weitergegeben oder man beruft sich auf mysteriöse Kräfte außerhalb der Familie.

MINUCHIN, ROSMAN & BAKER (1981) verglichen Interaktionsmuster von elf Familien mit einem anorektischen Kind und Familien mit einem an Diabetes oder Asthma erkrankten Kind oder mit verhaltensauffälligen Kindern. Von unabhängigen Beobachtern wurden Videoaufnahmen der Familienmitglieder bei der Lösung gemeinsamer Aufgaben hinsichtlich des Auftretens spezifischer familiärer Interaktionsmuster begutachtet. Außerdem wurden die Reaktionen der Familienmitglieder, insbesondere der erkrankten Kinder, während eines familiendiagnostischen Interviews beobachtet, bei dem die Forscher einen Konflikt zwischen den Eltern auslösten. Die Annahme, daß Familien mit einem psychosomatischen Patienten ein deutlich stärkeres Ausmaß der Verstrickung, Überfürsorglichkeit und Konfliktvermeidung zeigen würden als andere, fand sich bestätigt. Väter und Mütter anorektischer Patienten neigten besonders stark zu überfürsorglichem Verhalten und Konfliktumleitung. Nachdem in familiendiagnostischen Interviews ein Konflikt zwischen ihnen ausgelöst war, sprachen sie – nach Möglichkeit – vorwiegend mit dem anorektischen Kind und bezogen es so in den Konflikt ein.

Da die untersuchten Gruppen relativ klein waren und von den psychosomatisch erkrankten Kindern bekannt ist, daß herkömmliche Behandlungsmethoden bei ihnen versagten, muß bezweifelt werden, daß sie die Mehrzahl von Familien mit psychosomatisch erkrankten Kindern repräsentieren. Außerdem

scheinen die einzelnen Interaktionsdimensionen bisher unzureichend opera-
tionalisiert zu sein, was ein Grund dafür sein könnte, daß BURBECKS (1979)
Versuch, MINUCHINS, ROSMANS & BAKERS Annahmen zu validieren, mißlang
(GERARDS 1981). Daß das Zusammentreffen von Überfürsorglichkeit, Konfliktvermeidung und generationsübergreifender Koalitionsbildung ein spezifisches Merkmal von Familien mit psychosomatisch erkrankten Kindern ist,
muß aufgrund neuerer Forschungsergebnisse bezeifelt werden (vgl. MÜLLER
1982).

GARFINKELS et al. (1983) Vergleich der Selbsteinschätzungen von 41
Anorektikerinnen, ihren Müttern und Vätern mit den Angaben von 24
gesunden Jugendlichen und ihren Eltern im Family Assessment Measure
weist auf ähnliche Einschätzungen der Anorektikerinnen und ihrer Mütter hin. Während die Väter in ihren Familien nichts Außergewöhnliches
zu beobachten scheinen, gaben vor allem die Mütter und die anorektischen Kinder im Vergleich zu anderen mehr Schwierigkeiten an in bezug
auf die Bewältigung gemeinsamer Aufgaben, das Rollenverständnis einzelner Familienmitglieder, ihre kommunikativen Fertigkeiten und den
Ausdruck von Gefühlen, und sie zeigten weniger sozial erwünschte
Reaktionen, was jedoch kein spezifisches Merkmal dieses Personenkrei-
ses zu sein scheint, sondern auch bei anderen Familien mit chronisch
Kranken beobachtet wurde.
Ungeklärt bleibt, ob die Probleme, von denen hier berichtet wurde, die
Entwicklung der Anorexia nervosa mitbedingen oder eine Folge dieser
Störung sind.
YAGER (1981, p. 257) weist darauf hin, daß sich die Ausprägung
familiärer Interaktionsmerkmale über die Zeit ändert:

»The extent of family disturbance may also be partly determined by the nature
and severity of the child's anorectic syndrome. The amount of evident depression, enmeshment or directiveness of parents, for example, may reflect how
serious and out of control parents perceive the child's illness and how frantic
they feel. [...] Each family member's adaptive style and adjustment over time
modifies the others, producing whole family patterns with different temporal
phasic interaction characteristics. Thus, some commonly noted features of
anorectic families [...] may change over time. A family in acute crisis may
appear to be exceptionally enmeshed (temporary enmeshment may reflect
attempts to increase family cohesion), but after a while may ›burn out‹ and
disengage. Thus enmeshment and disengagement may not just be traits, but
may reflect state characteristics as well.«

3.3 Verbreitung bei bestimmten Personengruppen

Auffallend ist die geschlechts- und altersspezifische Verbreitung der Anorexia nervosa.

3.3.1 Geschlechtsspezifische Verbreitung

In der Gesamtgruppe aller Personen mit Anorexia nervosa überwiegt der Anteil der Mädchen und Frauen deutlich gegenüber dem Anteil der Jungen und Männer.

Das Geschlechterverhältnis anorektischer Personen könnte als Hinweis auf genetische, biologische, psychosexuelle und soziokulturelle Störungsbedingungen interpretiert werden. Es könnte sich bei der Beobachtung der geschlechtsspezifischen Verbreitung der Anorexia nervosa jedoch auch um ein Artefakt geschlechtsspezifischer Diagnostik handeln.

Abbildung 6 enthält Ergebnisse aus 49 von MESTER (1981) zusammengestellten Untersuchungen zur Geschlechterrelation bei Anorexia nervosa – ergänzt um Forschungsergebnisse von MISEK & KEHRER (1981). Durch diese Ergänzung ergab sich keine Änderung des durchschnittlichen Anteils von 6,4% männlichen an der Gesamtzahl betroffener Personen, über die von 1931 bis 1981 berichtet wurde.

		Autoren	n	Anteil männl. Pat.	
				(n)	(in %)
1.	1931	Allison	20	1	5,0
2.	1936	Ryle	51	5	9,8
3.	1937	Kylin	39	6	15,3
4.	1939	Carrier	37	1	2,7
5.	1940	McCullagh & Tupper	27	1	3,7
6.	1948	Zutt	20	1	5,0
7.	1950	Michard	37	1	2,7
8.	1950	Ruegg (bzw. Lutz)	31	4	12,9
9.	1952	Hertz	45	2	4,5
10.	1954	Laboucarié & Barres	50	3	6,0
11.	1956[4]	Fanconi	32	3	9,4
12.	1957	Thiemann	28	1	3,6
13.	1958	Plichet	22	3	13,6
14.	1958	Williams	55	2	3,6
15.	1959	Kajiyma	20	2	10,0

		Autoren	n	Anteil männl. Pat.	
				(n)	(in %)
16.	1960	Bliss & Branch	22	4	18,2
17.	1960	Hoppe et al.	21	–	–
18.	1960	Riser et al.	39	2	5,1
19.	1961	van Beughen et al.	38	1	2,6
20.	1961	Blitzer et al.	20	3	15,0
21.	1961	Meyer	37	–	–
22.	1963	King	21	–	–
23.	1964	Decourt	208	8	3,9
24.	1965	Fleck et al.	85	4	4,7
25.	1965	Frazier	39	4	10,3
26.	1965	Kay & Shapira	65	5	7,7
27.	1965	Luria et al.	43	3	7,0
28.	1965	Mahler	31	–	–
29.	1965	Müller	32	3	9,4
30.	1965	Tolstrup	28	4	14,3
31.	1966	Frahm	51	2	3,9
32.	1968	Ziegler & Sours	115	7	6,1
33.	1968	Warren	20	–	–
34.	1969	Dally	146	6	4,1
35.	1970	Rowland	30	6	20,0
36.	1972	Crisp & Toms	160	13	8,1
37.	1972	Hext & Murchand	26	7	26,9
38.	1972	Selvini	26	3	11,5
39.	1972	Valanne et al.	30	5	16,7
40.	1973	Duddle	23	1	4,3
41.	1973	Kendell et al.	72	10	13,9
42.	1973	Warren & Vandewiele	42	4	9,5
43.	1974	Bruch	70	10	14,2
44.	1974	Hogan et al. (a)	16	4	25,0
45.	1974	Hogan et al. (b)	552	17	3,1
46.	1974	Kanis et al.	24	–	–
47.	1974	Niskanen et al.	48	2	4,2
48.	1976	Boskind-Lodahl	142	4	2,8
49.	eigene Daten		276	17	6,2
50.	1981	Misek & Kehrer	84	8	9,5
	Summe		3196	206	6,4

Abbildung 6. Geschlechterrelation bei Personen mit Anorexia nervosa in 50 publizierten Untersuchungen (nach MESTER 1981, p. 229f).
Es ist zu erwähnen, daß MESTER nur solche Untersuchungen berücksichtigte, die mindestens 20 Fälle umfaßten, und alle Publikationen außer Acht ließ, die sich ausdrücklich nur auf weibliche Personen bezogen.

3.3.2 Altersspezifische Verbreitung

Abbildung 7 zeigt die Verteilung des Erkrankungsalters von 259 Klientinnen, die in der Universitätsklinik Münster wegen Anorexia nervosa untersucht wurden.

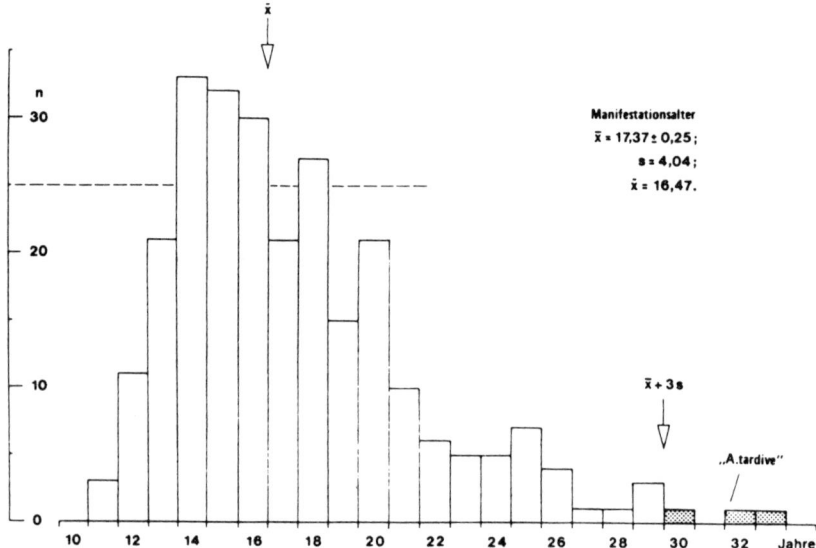

Abbildung 7. Erkrankungsalter von 259 anorektischen Patientinnen der Universitätsklinik Münster (aus: MESTER 1981, p. 68).

Vom 11. bis 14. Lebensjahr steigt die Zahl der Ersterkrankungen sprunghaft an und fällt dann langsam bis zum 33. Lebensjahr ab. Der Altersmittelwert bei Ersterkrankung der Anorektikerinnen, die in Münster untersucht wurden, beträgt etwa 17,5 Jahre, der Zentralwert 16,5 Jahre. Bei 17 männlichen Klienten mit Anorexia nervosa im Alter von 11 bis 23 Jahren, die MESTER (1981) untersuchte, lagen Altersmittelwert bei Ersterkrankung und Zentralwert bei ca. 16 Jahren.

Die vorgefundene Altersverteilung könnte ein Artefakt der Vorannahmen sein, von denen sich Ärzte und Psychologen leiten lassen, wenn sie die Diagnose »Anorexia nervosa« stellen – zumal der Begriff Pubertätsmagersucht oft synonym verwandt wird. Sollte diese Verteilung jedoch die »wahre« Verteilung des Erkrankungsalters in der Grundpopulation widerspiegeln, liegt die Vermutung nahe, daß spezifische Ereignisse, die in der Pubertät oder im Alter von 18 bis 20 Jahren eintreten, also spezifische »Reifungskrisen« oder »Entwicklungsaufgaben« als Auslöser dieser Störung wirken könnten. Offen bleibt, ob Personen, die die Anorexie vor, in oder nach der Pubertät entwickeln, hinsichtlich der Entstehung der Störung und dem Störungsverlauf vergleichbar sind.

3.4 Auslöser der Symptomentwicklung

Beziehungsprobleme (Ablösung von den Eltern, sexuelle Erlebnisse, Heirat, Geburt eines eigenen Kindes), Probleme in Schule und Beruf, Gewichtsprobleme und die Menarche werden als Auslöser der anorektischen Symptomentwicklung vermutet.

WARREN (1968) berichtet, daß bei ungefähr der Hälfte von 20 relativ jungen Anorektikerinnen, die er untersuchte, angenommen werden kann, daß ein besonderes Ereignis die Symptomentwicklung auslöste. Sechs hatten familiäre Probleme, in vier Fällen verstarb ein Angehöriger, drei wurden wegen ihrer Figur gehänselt, eine erlitt einen Schock bei Eintritt ihrer Monatsblutung, eine erkrankte an einer Magen-Darm-Entzündung.

Etwa die Hälfte von 43 Anorektikerinnen, die NAUJOKS et al. (1981) befragten, gab an, vor Beginn der Symptomentwicklung durch neue Aufgaben oder einen Neuanfang in Schule, Universität oder Beruf psychisch belastet gewesen zu sein. Jeweils mehr als ein Drittel beklagten den Verlust eines anderen Menschen oder negative Erfahrungen in bezug auf ihr Aussehn.

KALUCY et al. (1977) vermuten, daß in der Regel die gesamte Familie vor Auftreten anorektischer Symptome bei einem ihrer Angehörigen aufgrund besonderer Ereignisse einen Zustand der Unsicherheit und Unstimmigkeit durchlebt. In fast der Hälfte von 56 Familien, die sie befragten, hatten sich die Eltern getrennt oder drohten sich zu trennen, in ebenso vielen Familien wurde die Tatsache, daß die Mutter ihre Sexualität in unerwarteter Weise ausgelebt hatte, als möglicher Auslöser der anorektischen Störung angesehen. In jeweils einem Drittel der Familien sollte die spätere Patientin die Familie verlassen, oder eines ihrer Geschwister war aus dem Elternhaus ausgezogen.

Alle diese Ereignisse treten jedoch gerade bei jungen Mädchen und in Familien junger Mädchen und Frauen häufig auf, das heißt, es ist unklar, warum einige Personen unter diesen Bedingungen anorektisch werden und andere nicht.

3.5 Persönlichkeitsentwicklung anorektischer Personen

Zutreffend gibt SILVERMANS (1977, p. 333) Bemerkung die Mehrheit der Beschreibungen der prämorbiden Persönlichkeitsentwicklung von Anorektikerinnen wieder:

> »Usually the parents state that the patient in the past has been a so-called model child, rarely causing the family any anxiety. Prior to the onset of her illness, the patient was usually cooperative, agreeable and easy to get along with.«

Detaillierte Angaben zur prämorbiden Persönlichkeit anorektischer Personen, die aus Interviews mit deren Eltern und anderen Informanten entnommen wurden, finden sich bei WARREN (1968), MORGAN & RUSSELL (1975) und HALMI et al. (1977).

Die Mehrheit der Anorektikerinnen wird als scheu, reserviert und sozial ängstlich beschrieben. Die meisten der von HALMI et al. befragten Eltern hielten ihre Töchter für sehr brav und mehr als die Hälfte bezeichneten sie als perfektionistisch. Hinsichtlich anderer Merkmale fallen die Befragungsergebnisse unterschiedlich aus.

In einer Untersuchung von CANTWELL et al. (1977) gab die Mehrzahl von 26 stationär behandelten Anorektikerinnen an, daß sie vor Beginn der anorektischen Symptomatik unter Depressionen litten, und die meisten untersuchten Personen berichteten von Ängsten.

STROBER (1981) verglich 50 Anorektikerinnen, die zum ersten Mal wegen ihrer Störung stationär behandelt wurden und deren Störungsbeginn nicht länger als 15 Monate zurücklag, mit einer gemischten Gruppe von Klienten mit Ängsten oder Depressionen und einer Gruppe verhaltensgestörter Personen anhand des High School Personality Questionnaire. Als Gruppe unterscheiden sich die Anorektikerinnen nach seinen Angaben folgendermaßen von den anderen Befragten:

> »Anorectics were more regulating of their emotional behavior; more conscious of and attentive to social and ethical norms of behavior; experienced more pronounced anxiety and self-doubt; demonstrated a higher degree of social conformity; were less assertive; less demonstrative in the affective domain and more inhibited interpersonally.« (STROBER, p. 292)

Der Eindruck, der sich aus HALMIS et al. (1977) Untersuchung ergibt, weist hingegen nicht darauf hin, daß Anorektikerinnen ängstlicher sind als Personen mit Depressionen oder Ängsten. Die Genannten verglichen anhand der Hopkins Symptom Check List die Selbsteinschätzungen von

44 Anorektikerinnen und die Einschätzungen ihrer Eltern mit den Angaben von Klienten mit Ängsten oder Depressionen und einer Gruppe gesunder Personen. Eltern und Anorektikerinnen beschrieben dieselben als wesentlich depressiver und ängstlicher als gesunde Personen, als weniger ängstlich als Personen mit Angstneurosen oder Depressionen und als weniger depressiv als Depressive (vgl. ECKERT et al. 1982).

In WIRSCHINGS (1978) Befragung von 668 chronisch kranken Jugendlichen mit dem PSS 16 k beschrieben sich Anorektikerinnen und andere als angstfreier, depressiver und rigider als eine Vergleichsgruppe. Anorektische Jugendliche zeichneten sich insbesondere durch ihre Selbstdarstellung als pflichtbewußt, asketisch eingestellt und um innere Haltung bemüht aus.

WOODS & HERETICK (1983/84) verglichen Selbsteinschätzungen von jeweils 10 Anorektikerinnen, Übergewichtigen und gesunden Personen. Ihre Ergebnisse lassen vermuten, daß sich anorektische und übergewichtige im Unterschied zu gesunden Personen als ineffektiv einschätzen, was bei Anorektikerinnen darauf zurückzuführen ist, daß sie persönliche Erfolge abwerten.

BEMIS (1978) gibt zurecht zu bedenken, daß Merkmale, wie sie Anorektikerinnen zugeschrieben werden, etwa Depression, in Experimenten und Beobachtungsstudien als Korrelate von Unterernährung identifiziert wurden. Das heißt, depressive Verstimmung ist nicht nur kein spezifisches Merkmal von Anorektikerinnen, sondern unklar bleibt auch, ob Unterernährung Depressionen verursacht oder Depressionen zu Unterernährung führen. Ergebnisse von ECKERT et al. weisen darauf hin, daß sich verschiedene Symptome, die bei Anorektikerinnen beobachtet wurden, in ihrer Entwicklung wechselseitig bedingen könnten, wobei es nicht möglich zu sein scheint, Ursachen und Wirkungen klar voneinander zu trennen.

Depressivere Patientinnen zeigten bizarrere Eßgewohnheiten und Einstellungen zum Essen. Im Vergleich zu anderen Anorektikerinnen beschrieben sie sich im Durchschnitt eher als durch Essen, Nahen der Essenszeit und Völlegefühle beunruhigt, was in Abbildung 8 zu sehen ist. Depressivere Anorektikerinnen strebten meist ein dünneres Idealbild an und waren um ihr Selbstbild stärker besorgt. Sie beschrieben sich als dicker und waren in ihrer Körperwahrnehmung eher gestört als andere. Vor ihrer Behandlung verloren sie in Relation zum Normalgewicht durchschnittlich mehr Gewicht, während und am Ende ihrer stationären Behandlung war ihr Gewicht niedriger als das der anderen. Sie schienen ihre Störung stärker zu leugnen und berichteten im Durchschnitt eher von sexuellem Desinteresse.

Ergebnisse epidemiologischer Untersuchungen lassen Überschneidungen der Symptomatik von Anorexia nervosa und anderen Störungsformen und große interindividuelle Unterschiede bei Anorektikerinnen vermuten.

Körperschemastörungen, die häufig als Diagnosekriterium der Anorexia nervosa herangezogen werden, wurden auch bei anderen untergewichtigen Patientengruppen, bei Bulimikern, Neurotikern, Schizophre-

Abbildung 8. Korrelate von Depression bei 105 Anorektikerinnen (aus: ECKERT et al. (1982, p. 117–119)

Characteristics associated with eating	Hopkins Symptom Check List		Raskin Mood Scale		
	Self-rated	Nurse-rated	Self-rated	Nurse-rated	MMPI
More bizarre food habits (Slade Anorexic Behaviour Scale)	–	0.38	–	0.32	–
More selective appetite (Psychiatric Rating Scale)	–	0.30	–	0.22	–
More bothered by eating food (Situational Discomfort Scale)	0.39	0.25	0.43	0.22	0.31
Greater fear of compulsive eating (Psychiatric Rating Scale)	0.21	–	0.24	–	0.29
More bothered by time to eat (Situational Discomfort Scale)	0.52	0.26	0.50	0.20	0.44
Greater aversion to sweets (Food Preference Scale)	–	–	0.23	–	0.25
Greater aversion to low calorie meats (Food Preference Scale)	0.21	–	–	–	–
Greater fear of fat (Psychiatric Rating Scale)	0.28	0.29	0.25	0.29	–
Strong appetite (Anorexic Attitude Scale)	–	–	0.29	0.20	0.21
Greater feeling that food is sickening to stomach (Anorexic Attitude Scale)	0.27	0.35	0.32	0.29	0.23
More bothered by feeling stomach being distended by food (Situational Discomfort Scale)	0.46	–	0.39	–	0.36
History of bulimia (Social History)	–	–	–	–	0.23
Greater frequency of bulimia (Social History)	–	–	–	–	0.22
More vomiting (Social History)	–	–	–	0.20	–
Less cooking during present illness (Social History)	0.22	0.24	–	0.21	–
Less cooking to unusual extent prior to illness (Social History)	–	0.21	–	0.26	–

Characteristics associated with body image	Hopkins Symptom Check List		Raskin Mood Scale		MMPI
	Self-rated	Nurse-rated	Self-rated	Nurse-rated	
More thin ideal (Psychiatric Rating Scale)	0.22	0.29	–	0.27	–
More thin ideal (Anorexic Attitude Scale)	0.40	–	0.37	–	–
More bothered by self-image (Situational Discomfort Scale)	0.37	–	0.30	–	–
Greater fear of becoming fat (Psychiatric Rating Scale)	0.28	0.29	0.25	0.29	–
Perception of larger body size (Self Description Questionnaire)	0.30	–	0.39	–	0.23
Perception of having a less attractive body (Situational Discomfort Scale)	0.25	–	–	–	0.23
Greater overestimation of body depth (Body Perception Test)	–	0.32	0.23	0.31	–
Greater overestimation of chest (Body Perception Test)	–	–	0.22	–	–
Greater overestimation of waist (Body Perception Test)	–	0.26	–	0.22	–
Greater overestimation of hips (Body Perception Test)	0.25	0.28	0.27	0.27	–
Greater overestimation of face (Body Perception Test)	–	0.33	–	0.33	–
Greater overestimation of composite of 5 widths (Body Perception Test)	–	0.32	0.22	0.30	–
Greater overestimation of foot length (Body Perception Test)	–	0.26	–	0.22	–
Greater % weight loss from norm at pre-treatment	–	–	–	–	0.25
Greater % weight loss from norm at post-treatment	–	0.19	–	0.20	0.17
Lower weight first treatment day (day 8)	–	0.33	–	0.27	–
Lower weight last treatment day (day 42)	–	0.33	–	0.28	–
Lower weight prior to this episode	–	0.28	–	0.21	–
Lower lowest weight ever	–	0.37	–	0.29	–
More denial (Anorexic Attitude Scale)	0.41	0.29	0.40	0.26	–
Purgative abuse (Slade Anorexic Behavior Scale)	0.24	–	0.20	–	0.24
Less compatibility with fathers (Social History)	–	–	0.20	–	–
Less sexual interest (Anorexic Attitude Scale)	0.24	–	0.27	–	0.21
More feeling that sex is disgusting (Social History)	0.27	–	0.27	–	0.23
More sexual decrease since onset of illness (Social History)	0.19	–	–	–	0.28
More sexual disinterest (Social History)	0.35	–	0.28	–	–

$r = 0.193$, $P < 0.05$; $r = 0.252$, $P < 0.01$.

nen und Gesunden beobachtet (BUTTON, FRANSELLA & SLADE 1977; FRIES 1977; CASPER et al. 1979; GARFINKEL et al. 1977; STROBER et al. 1979).

Wie GARFINKEL et al. berichten, überschätzten 42 anorektische Personen ihre Körpermaße zwar durchschnittlich um 0,47%, ihre Einschätzungen reichten jedoch von − 13,13% bis + 12,66%. 13 Personen unterschätzten sich, 15 überschätzten sich. Ähnliches galt für die Einschätzung ihrer Idealmaße.

Intraindividuelle Veränderungen von Symptomausprägungen über die Zeit beobachteten FICHTER et al. (1981). Während sich anorektische Personen im akuten Störungsstadium hinsichtlich ihrer Körpermaße im Vergleich zu einer Kontrollgruppe von Gesunden signifikant überschätzten, konnten bei chronisch kranken Anorektikerinnen keine signifikanten Unterschiede zur Vergleichsgruppe festgestellt werden.

3.6 Störungsverlauf bei somato- oder psychotherapeutischer Behandlung

Da es an Untersuchungen mangelt, in denen Effekte verschiedener Interventionsmaßnahmen an parallelisierten oder nach Zufall zusammengestellten Gruppen überprüft und verglichen werden, bietet sich die vergleichende Zusammenfassung der Ergebnisse verschiedener katamnestischer Studien zur Effizienz somato- oder psychotherapeutischer Maßnahmen an, wenn Aussagen zum Störungsverlauf behandelter Anorektikerinnen gemacht werden sollen.

Dies beinhaltet jedoch folgende, nicht zu unterschätzende Probleme:
- Patientinnen, die in unterschiedlichen Einrichtungen behandelt wurden, könnten sich in wesentlichen Merkmalen – etwa im Ausmaß ihrer Gestörtheit – unterscheiden.
- Verschiedene Wissenschaftler stellen ihre Stichproben nach unterschiedlichen diagnostischen Kriterien zusammen; auch dies schränkt die Vergleichbarkeit behandelter Gruppen und von Behandlungsergebnissen ein.
- Häufig fehlen besonders in den Fällen, in denen die Kombination verschiedener therapeutischer Interventionsmaßnahmen untersucht wurde, differenzierte Angaben zu den einzelnen Verfahren selbst, den Kriterien, die der Entscheidung für oder gegen Einsatz eines bestimmten Verfahrens oder einer Verfahrenskombination zugrunde gelegt wurden, und zur Häufigkeit, mit der Kombinationen einzelner Maßnahmen in der Behandlung der untersuchten Personen eingesetzt wurden. Es ist zu vermuten, daß Effekte verschiedener Interventionsverfahren konfundiert sind.

– Die Katamnesezeiträume einzelner Untersuchungen sind unterschiedlich lang. Der Frage: »Ist der Zustand der Patientin zum Zeitpunkt X schon oder noch besser oder schlechter als zum Zeitpunkt Y?« wird zu wenig Beachtung geschenkt (ROHRMEIER 1982).
– Häufig fehlen differenzierte Angaben über die Kriterien, die der Einschätzung des Behandlungsergebnisses zugrundegelegt wurden. Und diese Kriterien variieren – nicht zuletzt in Abhängigkeit von der theoretischen Ausrichtung des Forschers, die natürlich auch die Problemstellung, Bedingungsanalyse und Zieldefinition, welche er im Behandlungsprozeß vornimmt, beeinflußt.

Der in Abbildung 9 folgende Überblick über Ergebnisse katamnestischer Studien der Anorexia nervosa kann nur einen Eindruck von Erfolgstendenzen in der somato- oder psychotherapeutischen Behandlung anorektischer Personen wiedergeben, die auch auf Effekte spezifischer Interventionsverfahren zurückzuführen sind. Über die Art, in der diese Effekte erzielt wurden, und den auf das spezifische Behandlungsverfahren zurückzuführenden spezifischen Umfang dieser Effekte können nur Vermutungen angestellt werden.

Untersuchungen, die in diesem Überblick, dem Vollständigkeit nicht unterstellt wird, zusammengefaßt sind, erfüllen folgende Kriterien:

Die Ausgangsstichprobe umfaßte mindestens zehn Personen.
Der Katamnesezeitraum umfaßte mindestens ein Jahr.

Zusammenfassend kann gesagt werden, daß ungefähr zwei Drittel anorektischer Personen, die sich somato- oder psychotherapeutisch behandeln ließen, längerfristig eine Heilung erfuhren, und daß ein Drittel dieser Personen chronisch krank wurde oder an den Folgen der Störung starb.

Bei der Nachuntersuchung waren durchschnittlich zehn Prozent der untersuchten Stichprobe verstorben. Es scheint kein Zusammenhang zwischen der Anzahl verstorbener Personen und der Dauer des Katamnesezeitraums zu bestehen – wenn der Katamnesezeitraum zwölf Jahre nicht überschreitet.

Behandlungsverfahren, bei denen schwerpunktmäßig psychotherapeutische Maßnahmen eingesetzt wurden, dauerten im Durchschnitt zweieinhalb Monate länger, nämlich sechs Monate, als Verfahren, deren Schwerpunkt auf der Somatotherapie lag.

Der durchschnittlich fünfjährige Katamnesezeitraum der Studien zum Erfolg psychotherapeutischer Verfahren ist drei Jahre kürzer als der durchschnittliche Katamnesezeitraum der Studien, in denen die Wirkung somatotherapeutischer Maßnahmen überprüft wurde.

Abbildung 9

Somatotherapiestudien 1954–1978	Interventionsmaßnahme(n)	Behandlungszeitraum (Monate) Ø	Katamnesezeitraum (Jahre) Ø	Stichprobe (N)	Dropout (% von N)	geheilt, gebessert (% von N)	ungebessert, verschlechtert (% von N)	verstorben (% von N)
BECK & BROCHNER-MORTENSEN (1954)	stationär, Diät, Magensonde, Insulin	5	12	28	11%	(86%) 80%	(14%) 20%	4%
WILLIAMS (1958)	stationär, Diät, Magensonde, Leukotomie	1,5	10	52	13,5%	(100%) 66,5%	(0%) 33,5%	(2%) 22%
MEYER (1961)	stationär, internistisch, pädiatrisch	3	10	34	0%	26,5%	73,5%	12%
THOMÄ (1961)	stationär		2,6	11	27,5%	54,5%	45,5%	14,5%
KAY & SCHAPIRA (1965)	medikamentös (+ psychoanalyt. Behandlung)	4	5	65	7,5%	(50%) 45%	(50%) 55%	15%
			mehr als 5	65	55,5%	69%	31%	
DALLY & SARGANT (1966)	Insulin, Chlorpromazin	1	4	30	0%	76,5%	24,5%	
	Bettruhe, Diät	1,5	4	27	0%	70,5%	29,5%	

SEIDEN-STICKER & TZAGOURNIS (1968)	stationär	3	5	60	11,5%	68%	32%	17%
HALMI, BRODLAND & LONEY 1973	Psychopharmaka	3	5	42		64,5%	35,5%	
MORGAN & RUSSELL (1975), RUSSELL (1977)	stationär, Diät, Antidepressiva, Chlorpromazin, E-Schock (+ supportive Th.)	3	4,5	41		66%	34%	5%
CANTWELL et al. (1977)	stationär, Psychopharmaka, E-Schock	9,5	4,9	33	21%	34,5%	65,5%	0%
CREMERIUS (1978)	endokrinologisch	2	27,5	13	7,5%	33%	67%	25%
Somato-therapie		Ø 3,5	Ø 8 Med. 5	Σ 501 Ø 39	Ø 14%	Ø (78,5%) Ø 58%	Ø (21,5%) Ø 42%	Ø 12,5%

Psychotherapiestudien 1936-1981	Interventionsmaßnahme(n)	Behandlungszeitraum (Monate) Ø	Katamnesezeitraum (Jahre) Ø	Stichprobe (N)	Dropout (% von N)	geheilt, gebessert (% von N)	ungebessert, verschlechtert (% von N)	verstorben (% von N)
RYLE (1936)	eklektische Pth.	3	1	33 jung 13 alt	30% 38%	83% 62,5%	17% 37,5%	7% 12,5%
McCULLAGH & TUPPER (1940)	eklektische Pth. (+ Somatoth.)	3	2,8	26	0%	57%	43%	7,5%
STAFFORD-CLARK (1958)	eklektische Pth. (+ Somatoth.)	5	1	13	23%	90%	10%	
THOMÄ (1961)	stationär, psychoanalyt. Th.	7,5	3	19	42%	89,5%	10,5%	0%
CLAUSER (1964)	stationär, psychoanalyt. Th., ambulante Nachbehandlung	12	3,3	31	35%	(100%) 68%	(0%) 32%	
CRISP (1965)	eklektische Pth. (+ Chlorpromazin)	3	1,5	21	0%	62%	38%	21%
FRAHM (1965)	stationär, eklektische Pth. (+ Somatoth.)	2	1	34	8,5%	(100%) 100%	(0%) 0%	
TOLSTRUP (1965)	eklektische Pth.	13	3	27	0%	(85%) 85%	(15%) 15%	0% 7,5%

FARQUHARSON & HYLAND (1966)	eklektische Pth. (+ Somatoth.)	3	25	16	6%	94%	6%	
BROWNING & MILLER (1968)	Pth. (od. Somatoth.)	3	10	36	0%	(45%) 75%	(55%) 25%	(0%) 8%
ROWLAND (1970)	stationär, eklektische Pth.	10	5	30	43%	(60%) 76,5%	(40%) 23,5%	17,5%
BHANJI & THOMPSON (1974)	Verhaltensth. (+ Psychopharmaka)	2	2,8	11	36,5%	(91%) 57%	(9%) 43%	
BRADY & RIEGER (1975)	stationär, Verhaltensth., Milieuth. (+ Psychopharmaka)	1,5	24	16	6%	62,5%	37,5%	12,5%
PIERLOOT, WELLENS & HOUBEN (1975)	stationär, eklektische Einzel- u. Gruppenth. (+ Somato-Th.), ambulante Nachbeh.	12,5	2,5	32	0%	65,5%	34,5%	
GARFINKEL et al. (1977)	stationär od. ambulant, Verhaltensth., Familienth., supportive Th. (+ Somatoth.)	13	2,5	42		50%	50%	2,5%

PETZOLD (1977, 1979)	stationär, Einzel- u. Gruppenth., VT, Sozialth. (+ Somatoth.)		2,7	15	13%	82%	18%	11,5%
	zusätzlich Familienkonfrontationsth., Elterngruppe		2,7	29	0%			0%
ROSMAN et al. (1977), MINUCHIN, ROSMAN & BAKER (1981)	stationär od. ambulant, Familienth., VT (+ Somatoth.)	6	(Med.) 1	53	5,5%	94%	6%	
STONEHILL & CRISP (1977)	stationär od. ambulant, Pth. (+ Somatoth.)	4	5	45	13,5%	66,5%	33,5%	2,5%
SCHÜTZE (1980)	stationär od. ambulant, psychoanalyt. Th., VT, Gruppen- u. Familienth. (+ Somatoth.)	7,5	2,8	49	0%	79,5%	20,5%	0%
FICHTER (1981)	VT, Elterntraining, Familienth.	9	3,6	13		(85%) 85%	(15%) 15%	0%
Psychotherapie		Ø6	Ø5 Med. 2,8	Σ664 Ø29	Ø15,5%	Ø(81%) 75%	Ø(19%) 25%	Ø7,5%
Psychotherapie oder Somatotherapie		Ø4,5	Ø6,5	Σ1105 Ø15	Ø15%	Ø(79,5%) Ø66,5%	Ø(20,5%) Ø33,5%	Ø10%

◄

Abbildung 9 (vgl. S. 42–47). Ergebnisse 31 katamnestischer Untersuchungen der somato- oder psychotherapeutischen Behandlung der Anorexia nervosa.
Wo Informationen – etwa zur Länge des Behandlungszeitraums oder zur Dropout-Quote – fehlen, waren sie nicht aus der Literatur zu entnehmen.
Die abgebildeten Studien wurden in eine Gruppe mit Schwerpunkt »somatotherapeutische Behandlung« und eine mit Schwerpunkt »psychotherapeutische Behandlung« untergliedert. Häufig waren jedoch somato- und psychotherapeutische Maßnahmen kombiniert.
Angaben in Klammern geben den prozentualen Anteil »geheilter« und »gebesserter« oder »ungebesserter« und »verschlechterter« oder verstorbener Personen bei Therapieende an. Angaben ohne Klammern geben prozentuale Anteile der untersuchten Gruppe zum Zeitpunkt der katamnestischen Untersuchung wieder.
Angaben zum Anteil verstorbener Personen umfassen alle Verstorbenen, nicht nur diejenigen, deren Tod eindeutig als Folge der Anorexia nervosa betrachtet werden muß.

***

Der durchschnittliche Stichprobenumfang letztgenannter Studien ist mit 39 Personen um 10 Personen größer wie der durchschnittliche Umfang der Gruppen, die vorwiegend psychotherapeutisch behandelt wurden.

Mit 14% beziehungsweise 15,5% sind die durchschnittlichen Ausfallquoten beider Studiengruppen fast identisch. Ungeklärt bleibt, worauf der Ausfall von Versuchspersonen zurückzuführen ist.

Auch die durchschnittlichen Erfolgsraten somato- und psychotherapeutischer Maßnahmen sind mit 78,5% beziehungsweise 81% geheilten oder gebesserten Personen am Ende des Behandlungszeitraums fast gleich groß.

Durchschnittlich fünf Jahre nach Behandlungsende sind in Studien mit Schwerpunkt Psychotherapie im Durchschnitt 17% mehr Personen geheilt oder gebessert, nämlich 75%, als in Studien mit Schwerpunkt Somatotherapie nach durchschnittlich acht Jahren, und es sind durchschnittlich weniger Personen verstorben, nämlich 7,5%.

Ein eindeutiger Zusammenhang zwischen Therapie und Verlauf der Anorexia nervosa wurde bisher nicht nachgewiesen (TOLSTRUP et al. 1984).

BRÄUTIGAM & CHRISTIAN (1975[2]) nehmen an, daß bei 30% anorektischer Personen eine »spontane« Besserung ihres Zustands eintritt, bei 30% infolge einer Therapie, bei 30% wird die Symptomatik nach ihrer Beobachtung chronisch, 10% sterben oder werden psychotisch.

Um ein Bild vom *differentiellen Verlauf* anorektischer Störungen zu gewinnen, stellte Hsu (1980) Ergebnisse aus 16 Untersuchungen zusammen, die folgende Kriterien erfüllten:

- Anorexia nervosa wurde diagnostiziert, wenn ein Gewichtsverlust vorlag, Amenorrhöe eingetreten war, die Patienten eine besondere Einstellung zu Figur und Gewicht zeigten, andere somatische oder psychische Störungen als Verursacher des Gewichtsverlusts ausgeschlossen werden konnten.
- Es wurden mindestens 15 Personen untersucht.
- Die Nachuntersuchung umschloß einen Zeitraum von mindestens 2 Jahren.

Hsu gelangte zu folgenden Ergebnissen:
Angaben zur Mortalität schwanken in verschiedenen Untersuchungen zwischen 0% und 19%. In mehr als der Hälfte der Studien lag die Sterblichkeitsrate untersuchter Personen unter 5%. Todesursachen waren somatische Folgen des Erbrechens oder Laxanzienabusus, Selbstmord und Tuberkulose.

Mindestens drei Viertel aller untersuchten Personen hatten bei den Nachuntersuchungen in unterschiedlichem Ausmaß an Gewicht zugenommen, jedoch mehr als drei Viertel des Durchschnittsgewichts erreicht.

Bei der Hälfte bis drei Viertel der Anorektikerinnen war die Menstruation wieder eingetreten, wobei Hsu vermutet, daß dies als Folge der Gewichtszunahme oder »Besserung« der psychischen Störung anzusehen ist.

Wenige Personen zeigten bei den Nachuntersuchungen normales Eßverhalten. Die Mehrzahl vermied noch immer kalorienreiche Nahrungsmittel, war bulimisch, erbrach sich oder benutzte Abführmittel. Häufig hatten die Untersuchten Angst vor dem Essen.

Die Mehrzahl der Anorektikerinnen war bei der Nachuntersuchung auffällig um ihre Figur und ihr Gewicht besorgt. Zum Teil entwickelten sie depressive Verstimmungen, soziale Ängste, Zwangssymptome oder andere Störungen.

Einstellungen zur Sexualität und zum Sexualverhalten waren bei der Mehrzahl anorektischer Personen zum Zeitpunkt der Nachuntersuchung gestört. Dies gilt auch für Patienten, die verheiratet sind, und vor allem für diejenigen, bei denen die Anorexie chronisch wurde.

Ein Großteil anorektischer Personen war bei den Nachuntersuchungen im Verhalten sozial »unangepaßt« und ängstlich, wobei kein Zusammenhang zur Entwicklung somatischer Symptome gefunden wurde. Bei ungefähr der Hälfte der untersuchten Personen wurden gestörte Beziehungen zu anderen Familienmitgliedern beobachtet.

Zu widersprüchlichen Ergebnissen gelangten Wissenschaftler beim Versuch, Faktoren zu identifizieren, die den Verlauf der Anorexia nervosa beeinflussen und bei seiner *Prognose* zu berücksichtigen sind. Am ehesten stimmen Experten in der Einschätzung überein, daß ein niedriges Alter der Anorektikerin bei Beginn ihrer Störung, eine kurze Störungsdauer vor Behandlungsbeginn, eine schwache Ausprägung somatischer, psychischer und psychosomatischer Symptome einen günstigen Störungsverlauf erwarten lassen, während bei Anorektikerinnen, die eigene Körpermaße überschätzen, sich erbrechen oder Abführmittel benutzen, neurotische oder psychotische Verhaltensmerkmale zeigen, ein ungünstiger Störungsverlauf zu erwarten ist (KARREN 1983; STEINHAUSEN & GLANVILLE 1983). Anfangsreaktionen anorektischer Personen auf eine Behandlung scheinen keine Vorhersage auf die Art des Störungsverlaufs zuzulassen.

Vereinzelt wurden Zusammenhänge einzelner person- oder kontextspezifischer Variablen, Zusammenhänge dieser Variablen mit spezifischen Arten des Störungsverlaufs oder Zusammenhänge spezifischer Merkmale des Störungsverlaufs untersucht. Allerdings lassen die vorliegenden, meist in Form einer Vorher-Nachher-Messung durchgeführten Untersuchungen, in denen die Ausprägung verschiedener Variablen zu gleichen Zeitpunkten gemessen und interindividuelle Unterschiede verglichen wurden, keine Aussagen über Kausalzusammenhänge, intraindividuelle Veränderungen und den Verlauf dieser Veränderungen zu.

Die Frage, welche Behandlung durch wen für welche anorektische Person unter welchen Bedingungen am geeignetesten erscheint, kann – aufgrund der vorliegenden Untersuchungen – nicht beantwortet werden.

4 Verschiedene Ansätze zur Bestimmung, Erklärung und Behandlung der Anorexia nervosa

Ansätze zur Bestimmung, Erklärung und Behandlung psychischer und psychosomatischer Störungen enthalten Annahmen über den »störungsfreien Menschen« oder das »störungsfreie System«, aus denen sich ansatzspezifische Problemsicht und Therapieziele ergeben, und über die Struktur von Systemen und die Art systemimmanenter Interaktionen, die Entwicklung des Menschen und die Bedingungen seines Erlebens und Verhaltens, aus denen sich Bedingungshypothesen über die Entwicklung von Störungen und Vorschläge zur korrektiven psychotherapeutischen Intervention ableiten lassen. Sie ähneln und unterscheiden sich in der nosologischen Einordnung von Störungen, in der Hervorhebung wesentlicher Symptome, im Ausmaß, in dem sie bei der Bestimmung, Erklärung und Behandlung psychischer Störungen Teile der Zeit-Dimension, Vergangenheit, Gegenwart und Zukunft, und die biologische, intrapsychische, familiäre und soziokulturelle Dimension des menschlichen Erlebens und Verhaltens berücksichtigen, in der Art der Zusammenhänge, welche sie innerhalb und zwischen einzelnen Dimensionen postulieren, in Aussagen über Verlauf und Prognose von Störungen unter spezifischen Bedingungen und daraus abzuleitenden Behandlungsvorschlägen.

Da verschiedene Bestimmungs-, Erklärungs- und Behandlungsansätze von inkommensurablen anthropologischen Grundannahmen ausgehen, kann kein endgültiges vergleichendes Urteil über den Wahrheitsgehalt schulenspezifischer Theorien und die Effektivität schulenspezifischer Behandlungsmaßnahmen gefällt werden.

Es ist aber möglich, Ansätze zur Bestimmung, Erklärung und Behandlung der Anorexia nervosa anhand von ihrerseits wiederum hinterfragbaren Kriterien zu beurteilen und zu vergleichen, etwa bezüglich der Präzision und logischen Konsistenz, Prüfbarkeit und empirischen Bestätigung theoretischer Grundlagen, der Kompatibilität, Spezifität, Komplexität, Differenziertheit und Integrierbarkeit von theoretischen Grundlagen und Behandlungsmaßnahmen, anthropologischer Vorannahmen und psychologischer Haltungen, der Sensibilität, Adaptivität, emanzipatorischen Relevanz und Effektivität von Behandlungsmaßnahmen (KARREN 1983). Diese Kriterien dürfen keineswegs als »wertfrei« verstanden werden. Auch sie implizieren Normvorstellungen und Weltbildhypothesen (vgl. FEYERABEND 1983).

Der folgende Überblick soll Unterschiede und Parallelen schulenspezi-fischer Ansätze in der Einordnung der Anorexia nervosa, in der Hervor-hebung der wesentlichen Symptome, in den Annahmen zu ihrer Ätiologie und ihrem Verlauf und in den Behandlungsvorschlägen deutlich machen. Er soll darüber hinaus erahnen lassen, mit welcher Vielfalt von Proble-men Anorektikerinnen (und ihre Angehörigen) aber auch Psychologen und andere in der Behandlung von Anorektikerinnen (und ihren Angehö-rigen) konfrontiert sind, welche Vielzahl von Bedingungshypothesen zum problembehafteten Verhalten der Anorektikerinnen (und ihren Angehörigen) sie bilden, welche Vielfalt von kurz-, mittel- und langfristi-gen Zielen sie bei ihren Interventionen verfolgen und welche Vielzahl psychologischer Techniken und Verfahren sie einsetzen können.

Dabei stellen die hier wiedergegebenen Ansätze nur einen Teil, wenn auch einen wesentlichen Teil, des Spektrums aller Ansätze dar, deren Theorien und Methoden in der Therapie von Personen mit anorektischen Verhaltensmerkmalen geprüft und gegebenenfalls genutzt werden können.

Die Mehrzahl anorektischer Klientinnen scheint sich zunächst nicht krank zu fühlen, ist kaum bereit, eine Behandlung aufzunehmen und willigt nur unter dem Druck von Bezugspersonen in eine Therapie ein.

Daher beginnt eine Behandlung in der Regel mit der Vermittlung von Krankheitseinsicht und dem Aufbau von Therapiemotivation.

Weil dauernde somatische Schäden oder gar ein letaler Ausgang verhin-dert werden müssen, wird häufig schon am Anfang einer Therapie die Änderung des Eßverhaltens der Anorektikerin angestrebt. Gewichtsresti-tution gilt vielfach als Voraussetzung einer erfolgreichen Psychotherapie.

Psychotherapie kann sich auf Emotionen, Kognitionen und beobacht-bares Verhalten von Anorektikerinnen und ihren Angehörigen beziehen.

Ambulante und stationäre Behandlungsansätze wurden erprobt. Hierzu zählen: psychopharmakologische Therapien, Ernährungspro-gramme, psychoanalytische, feministische, verhaltens- und familienthe-rapeutische Ansätze. Auch Selbsthilfegruppen für Anorektikerinnen oder Angehörige sind inzwischen entstanden.

Im folgenden werden die wohl verbreitetsten, psychoanalytische, feministische, verhaltens- und familientherapeutische Ansätze zur Bestimmung, Erklärung und Behandlung der Anorexia nervosa kritisch dargestellt.

4.1 Psychoanalytische Ansätze

In psychoanalytischen Ansätzen wird eine »entwicklungspsychologisch-genetische Determinierung der Persönlichkeit« postuliert (LOHMANN 1980, p. 23). Angenommen wird eine phasische Persönlichkeits-entwicklung, an der konstitutionelle Persönlichkeitsfaktoren, psychosexuelle Entwicklungsprozesse und psychosoziale Lernprozesse beteiligt sind (BECKER 1978). Aus FREUDS Annahmen über individuelle Fixierungen, die in verschiedenen Entwicklungsphasen erfolgen können, wenn eine Person keine Triebbefriedigung erfährt, ergibt sich eine Typologie verschiedener Persönlichkeiten, die vielfach wie ein klinisches Klassifikationssystem verwandt wird.

Den psychosexuellen Entwicklungsstufen entsprechend können nach FREUD folgende Charaktertypen unterschieden werden:
- oraler Charakter (narzißtisch, fordernd, sicherheitsbedürftig, abhängig)
- analer Charakter (reinlich, zwanghaft, pedantisch, geizig)
- phallischer Charakter (männlich, strebsam, demonstrativ potent) (BECKER et al. 1977).

Das Verhalten, das psychische Störungen wie Neurosen, Ängste und Psychosen unterscheidet, gilt als Resultat einer Energieverschiebung, als Ausdruck unbewußter Konflikte, die entstehen, wenn eine Person nach frühkindlichen traumatischen Erfahrungen ihre Triebansprüche und die wahrgenommenen und verinnerlichten Erwartungen ihrer Umwelt nicht in Einklang bringen kann und Triebimpulse verdrängt (FITTKAU 1982). Vermutet werden verschiedene Abwehrmechanismen, die die Bewußtwerdung solcher Konflikte verhindern.

Nach SCHMIDTKE (1980) implizieren diese Annahmen eine Klassifikation psychischer Störungen, die sich aus der Kombination folgender Informationen ergibt:
- Entwicklungsphase, in der die Fixierung erfolgte (unterschieden werden orale, anale und genitale Phase)
- Art der abgewehrten Triebe
(unterschieden werden Sexual- und Aggressionstrieb)
- Art der Abwehrmechanismen
(unterschieden werden Verdrängung, Introjektion oder Identifikation, Projektion, Reaktionsbildung, Sublimierung, Regression, Isolierung, Ungeschehenmachen, Realitätsleugnung, Rationalisierung, Wendung gegen die eigene Person, Identifikation mit dem Agressor, Verkehrung ins Gegenteil) (TOMAN 1968).

MOSER (1977[2], p. 234) beschreibt Psychoanalyse als

»Versuch, psychische Behinderungen nicht an den Symptomen zu beheben, sondern auf dem Weg, die gesamte Charakterstruktur zu differenzieren und den eingeklemmten Trieben, Ängsten, Hemmungen neue Entwicklungsmöglichkeiten zu verschaffen innerhalb eines neuen, an der Stärkung der Ichkräfte orientierten inneren Gleichgewichts.«

In psychoanalytischen Behandlungsansätzen wird eine optimale Persönlichkeitsentwicklung der einzelnen Klienten angestrebt, die deren Ich-Stärke gleichzeitig voraussetzt und fördert. Ermöglicht werden sollen Synthese, Organisation und Integration innerpsychischer und externer Reize, von Triebimpulsen aus dem »Es« und Bewertungen in Anlehnung an internalisierte soziale Normen, die im »Über-Ich« repräsentiert sind. Ich-Stärke ist nach LOHMANN (1980, p. 24f) gekennzeichnet durch:

»1. Unverzerrte und sich ausweitende Wahrnehmung der psychosozialen Realität. Hiermit wird ausgesagt, daß sowohl hinsichtlich der Bedürfnisse und Affekte, die dem Bewußtsein zugänglich gemacht werden, als auch hinsichtlich der Realität Stellungnahmen abgegeben und für das Individuum adäquate Entscheidungen getroffen werden können.
2. Einsichtsvolles Handeln. Unter diesem Ziel versteht der Psychoanalytiker, daß gemäß der dem Bewußtsein durch Aufmerksamkeit, Wahrnehmungserweiterung und Denken zugänglichen Inhalte Verhaltensänderungen erfolgen.
3. Aufschub von Wünschen und Bedürfnissen. Das Individuum kann langfristige Lebensplanungen vornehmen und deren Realisierbarkeit abschätzen.«

Der Analytiker untersucht, wie eine Klientin traumatische Erfahrungen verarbeitet hat und wie sie ihre Wahrnehmung und ihre Einstellungen im späteren Leben beeinflussen (SCHMIDBAUER 1983). Entsprechend sind psychoanalytische Behandlungsansätze auf Kognitionen ausgerichtet, die Vergangenheit und Gegenwart betreffen.
LOHMANN (p. 30) nennt folgende Ziele psychoanalytischer Behandlungsansätze:

»– verdrängte Bedürfnisse und die damit verbundenen Affekte und Kognitionen, die vom Individuum nicht mehr erlebt werden können, ins Bewußtsein zurückzuführen,
– die aktuellen Bedürfnisse auf ihre Realisierbarkeit testen und neue Möglichkeiten der Bedürfnisbefriedigung zu finden.«

Im psychoanalytischen Behandlungsprozeß soll der Klientin die Möglichkeit gegeben werden, verdrängte Triebimpulse, Gefühle, Phantasien und Gedanken wieder bewußt wahrzunehmen, sie neu zu deuten und zu strukturieren und neue, ihnen entsprechende Verhaltensweisen zu erproben.

Aufgabe des Analytikers ist es, in der Therapiesituation eine emotionale Atmosphäre zu schaffen, in der die Klientin durch freie Assoziation Zugang zu ihrer frühen Erlebenswelt und zu den verdrängten Impulsen, Gefühlen, Phantasien und Gedanken erhält. So soll sie positive und negative, libidinöse und aggressive Gefühle und Bedürfnisse gegenüber relevanten Bezugspersonen, in der Regel ihren Eltern, auf den Analytiker übertragen und den daraus resultierenden Konflikt in der Therapiesituation neu erleben.

Indem der Analytiker seine eigenen Reaktionen, seine Gegenübertragung, berücksichtigt und Übertragung und Widerstand der Klientin deutet – wobei er deren eigene Deutungen einbeziehen kann, versucht er, der Klientin neue Bedeutungszusammenhänge aufzuzeigen, ihr Wahrnehmungsfeld zu erweitern und ihr das Akzeptieren ihrer libidinösen und aggressiven Triebenergie zu ermöglichen (LOHMANN 1980).

Nicht zu unterschätzen ist dabei, daß die Klientin vielleicht zum ersten Mal in ihrem Leben erfährt, daß ihr jemand, der Analytiker, seine ungeteilte Aufmerksamkeit schenkt. MOSER (1977², p. 226 f) schildert die Wirkung dieser Erfahrung folgendermaßen:

»Da man einem *anderen* so viel Wert ist, nimmt der eigene Wert zu, den man für sich selbst verloren hatte. Stillgelegte Entfaltungs- und Erlebnismöglichkeiten kommen wieder in Gang. Am ehesten könnte man eine Analyse als einen kontinuierlichen Differenzierungsprozeß bezeichnen, der die Wahrnehmung für einen selbst und andere steigert.«

Ausgiebig wird in der psychoanalytischen Behandlung die vergangene und gegenwärtige Situation der Klientin in ihrer Familie, beziehungsweise die Art und Weise, wie sie diese Situation wahrnimmt und erlebt und wie sie sich entsprechend verhält, bearbeitet. POHLEN & PLÄNKERS (1982, p. 421 f) beschreiben die analytische Situation folgendermaßen:

»Sie zielt darauf ab, die Entfaltung der Übertragung und die Entwicklung einer Übertragungsneurose zu fördern und durchzuarbeiten. So wurde die Familie in die dyadische Beziehung von Analytiker und Analysand als repräsentierte eingeführt und zum Gegenstand einer spezifischen Aufmerksamkeit: Indem das bisherige Objekt des familiären Prozesses sich über die Wahrnehmung des familiär geprägten Triebschicksals zum Subjekt macht. Was bisher nur in Form eines Symptoms ausgedrückt werden konnte, kommt nun innerhalb einer Beziehung zur Sprache: Der früher niedergeschlagene Konflikt inszeniert sich als aktueller Konflikt in der analytischen Situation. Die Wiederkehr des Verdrängten im Symptom – die Auflehnung gegen das familiär geprägte Triebschicksal – ist gleichzeitig auch ein Leid verursachender Prozeß. Das Spiel von Abwehr und Abgewehrtem im Symptom verlegt sich nun in die analytische Beziehung mit dem Ziel, die familiär gesetzte Abwehrgrenze zu überwinden. [...] In dieser Art ist Psychoanalyse als eine Befreiungsstrategie gegenüber der Familie konzipiert.«

Die psychoanalytische Behandlung endet mit der Suche nach neuen, adäquaten Möglichkeiten der Bedürfnisbefriedigung und deren Erprobung in der Realität.

4.1.1 Bestimmung, Erklärung und Behandlung der Anorexia nervosa

Psychoanalytiker sehen Anorexia nervosa als orale Störung und ordnen sie den Neurosen oder Psychosen zu (KARREN 1983).

BRUCH (1965) führte die Unterscheidung von »genuiner«, primärer und »atypischer«, sekundärer Anorexia nervosa ein – entsprechend
– dem Erkrankungsalter
(16 Jahre und jünger – 21 Jahre)
– der pathogenen Motivation
(Wunsch, dünn zu sein – Wunsch, krank zu sein)
– der Symptomatik
(Freßanfälle, Hyperaktivität, Amenorrhöe, gestörte Körperwahrnehmung, Gefühl der Ineffektivität – Fehlen von Freßanfällen, Klage über Gewichtsverlust).

Sie unterscheidet zwischen Anorektikerinnen der fünfziger und sechziger Jahre, die unabhängig voneinander anorektische Verhaltensweisen entwickelten und sich durch »übermenschliche« Selbstdisziplin auszeichneten, und den Anorektikerinnen der siebziger Jahre, die zunächst durch die Berichterstattung in den Medien auf Anorexia nervosa aufmerksam wurden und anorektische Verhaltensweisen ausprobierten. BRUCH (1984) gibt an, daß immer mehr Anoretikerinnen, mittlerweile etwa die Hälfte, übermäßig essen und sich dann erbrechen, anstatt zu fasten.

Psychoanalytische Theorien zur Ätiologie der Anorexia nervosa, auf deren ausdrückliche Unterscheidung hier verzichtet wird, thematisieren Triebkonflikte, Objektbeziehungen oder Defizite der Ich-Entwicklung von Anorektikerinnen (GOODSITT 1984).

In Abbildung 10 sind psychoanalytische Annahmen zur Ätiologie der Anorexia nervosa zusammengefaßt. Unterschiede zwischen einzelnen psychoanalytischen Theorien, etwa in der Gewichtung der Mutter-Kind-Beziehung oder in der Gewichtung von Vergangenheit und Gegenwart der Anorektikerin, bleiben hier unberücksichtigt.

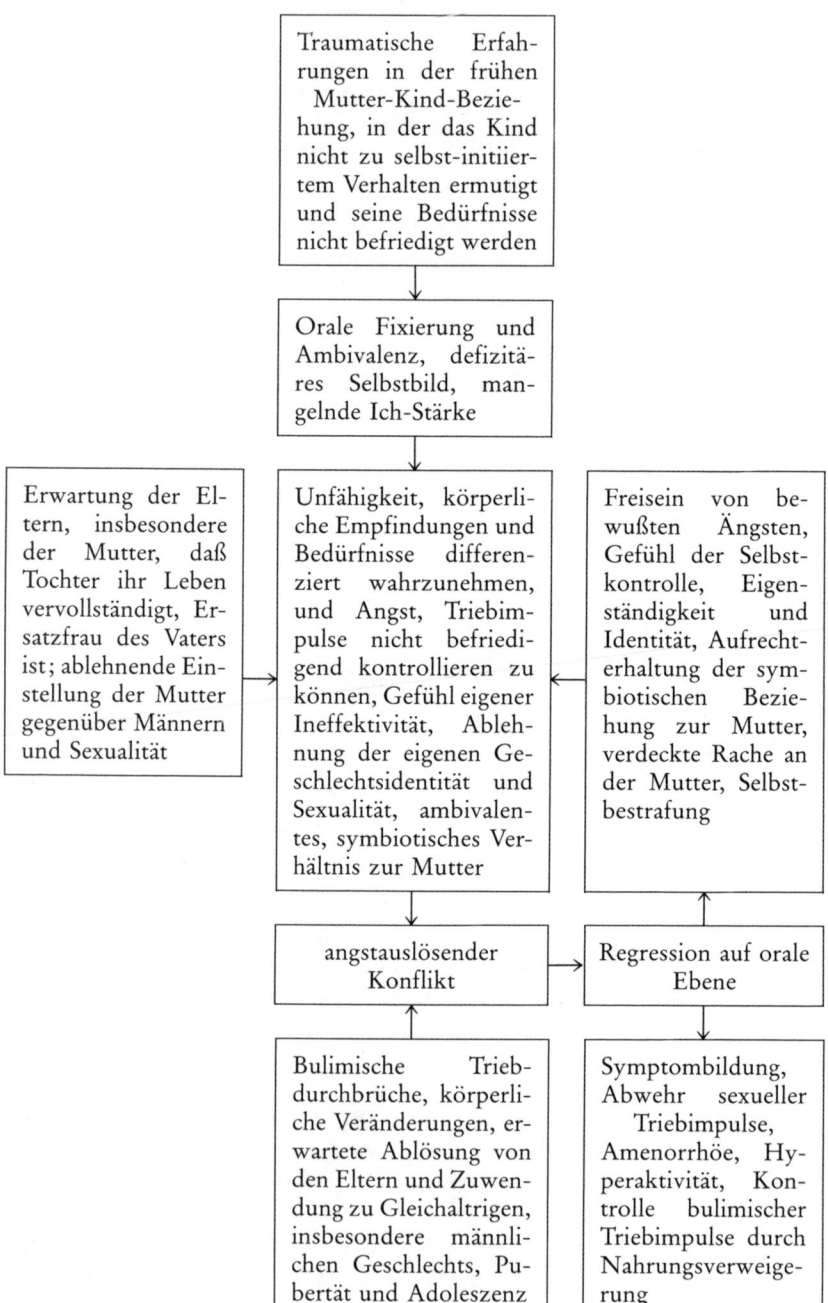

Abbildung 10. Annahmen zur Ätiologie der Anorexia nervosa aus psychoanalytischen Ansätzen.

Traumatische Erfahrungen in der oralen Entwicklungsphase, in der frühkindlichen Beziehung der Anorektikerin zu ihrer Mutter, bedingen die orale Fixierung und Ambivalenz von Anorektikerinnen nach Meinung von Psychoanalytikern. Gelingt es der Mutter in dieser Phase nicht, den Bedürfnissen des Kindes zu folgen und sie zu befriedigen, ermutigt sie es nicht, eigene Gefühle auszudrücken, bleibt das Kind auf diese Entwicklungsstufe fixiert. Es lernt nicht, körperliche Empfindungen und Gefühle zu differenzieren, es entwickelt kein Autonomie- und Identitätsgefühl, es fühlt sich durch die Umwelt kontrolliert und kann sich nicht von der Mutter lösen (BRUCH 1973). SELVINI PALAZZOLI (1978, p. 54) beschreibt diese Entwicklung:

»The child can only accept the propriety and legitimacy of his own body sensations when those in authority over him encourage him to do so. Most often his parents will insinuate their own views into his body feelings, perceptions and attitudes. They will say peremptorily, in phrases brooking no contradictions: ›You are hungry, you are tired, you are cold.‹ Just as he is not allowed any physiological changes in mood: ›He must be happy – he has no reason not to be!‹ [...] He ends up by doubting his own sensations, surely if his feelings were not *wrong* his parents would not continually deny their validity. As a result he becomes more and more dependent and submissive. And by accepting unreservedly what *others* think of his *experiences* he looses touch with his *own body*.«

Aufgrund ihres mangelhaft entwickelten Identitätsgefühls sind Anorektikerinnen nach Meinung von Analytikern nicht in der Lage, pubertäre Entwicklungsaufgaben zu bewältigen. So wird angenommen, daß zu Beginn der Pubertät in Anorektikerinnen Konflikte der präödipalen Separations-Individuations-Phase wiederaufleben, daß sie einerseits versuchen, sich dem Einfluß ihrer Mütter zu entziehen, andererseits verstärkt den Wunsch verspüren, in deren Obhut zu bleiben, daß sie Müttern zwar die unzureichende Zuwendung, die ihnen in früher Kindheit gewährt wurde, nachtragen, sich aber nicht von ihnen lösen können. Elterlichen Erwartungen entsprechend fühlen sie sich für das Leben der Eltern verantwortlich und passen sich an diese an.

Durch ihre Einstellungen und Verhaltensweisen fördern Mütter von Anorektikerinnen nach Meinung SPERLINGS (1978) pubertäre Konflikte ihrer Töchter hinsichtlich ihrer Geschlechtsidentität, ihrer Sexualität und ihres Verhältnisses zu Männern.

Körperliche Veränderungen in der Pubertät erfordern, daß sich junge Mädchen mit dem eigenen Geschlecht identifizieren, was Anorektikerinnen durch das ambivalente Verhältnis zu den Müttern erschwert ist. Durch ihre Abhängigkeit von den Eltern und die mangelnde Identifikation mit dem eigenen Geschlecht ist ihnen eine altersgemäße Zuwendung zu Gleichaltrigen insbesondere des männlichen Geschlechts nicht möglich.

In einer Trennung von den Eltern, durch die die Töchter erfahren, wie wenig Selbstkontrolle sie besitzen und wie unfähig sie sind, Beziehungen zu Gleichaltrigen aufzunehmen, in Bemerkungen über ihre körperlichen Veränderungen, aus denen der Wunsch zu fasten resultiert, sieht BRUCH (1982) Auslöser anorektischer Symptomentwicklung.

Mit dem Eintritt der Amenorrhöe geben Anorektikerinnen nach THOMÄ (1961) die genital-sexuelle Entwicklungsstufe auf. Sie regredieren. In der Patientenrolle, die sie nun einnehmen, ist es ihnen möglich, die symbiotische Beziehung zur Mutter aufrechtzuerhalten.

Ihre Symptombildung, insbesondere die Nahrungsverweigerung, entspricht nach Ansicht von Analytikern aber auch dem Wunsch, Rache an der Mutter zu nehmen und ein Gefühl der Selbstkontrolle und Ich-Identität aufzubauen. MESTER (1981, p. 98) faßt Funktionen der Nahrungsverweigerung wie folgt zusammen:

»Sie stellt eine Vergeltungsmaßnahme dar, entspricht gleichzeitig aber auch einer Bußhandlung, sie schafft außerdem ein Überlegenheitsgefühl, wobei der Machtbeweis nicht nur dem eigenen Ich, sondern vor allem auch der Mutter erbracht wird. Schließlich dient sie auch dazu, das stets als Bedrohung erlebte Gefühl des Kontroll- und Ich-Verlustes fernzuhalten.«

Während BRUCH (1982) annimmt, daß Anorektikerinnen in ihrer Körperwahrnehmung so sehr gestört sind, daß sie weder Hungergefühle noch sexuelle Impulse bemerken, deutet THOMÄ (1961) Anorexia nervosa als Abwehr sexueller Triebimpulse durch Regression. In ihrem Hungergefühl erfahren Anorektikerinnen nach THOMÄs Ansicht ihre Triebhaftigkeit, die ihnen Angst einflößt und die sie durch Askese zu überwinden suchen. Auch SPERLING (1978, p. 136) führt die asketische Haltung von Anorektikerinnen auf ihre Furcht vor einem Kontrollverlust über sich und ihren Körper zurück:

»The body must be kept in check because from it emanuate all the dangerous impulses especially sexuality. If there is no body, there are no sexual feelings.«

Zusätzlich unterstellt SPERLING Anorektikerinnen eine Angst vor oraler Schwängerung, die mit der Nahrungsaufnahme verbunden ist und ihre Verweigerung mitbedingt.

Aufrechterhalten wird Anorexia nervosa nach Meinung von Analytikern durch die Zufriedenheit, die Anorektikerinnen aus der Kontrolle über sich und ihre Umwelt schöpfen, und durch die Neigung ihrer Angehörigen, familiäre Schwierigkeiten zu leugnen.

Da nach Ansicht von Psychoanalytikern die psychische Entwicklung von Anorektikerinnen bereits in früher Kindheit beeinträchtigt ist, sind ein eher ungünstiger Störungs- und ein schwieriger Behandlungsverlauf zu erwarten.

Detaillierte Angaben zum Störungsverlauf stationär behandelter Anorektikerinnen macht THOMÄ. Nach seiner Einschätzung war eine psychoanalytische Behandlung bei 10,5 % der Klientinnen erfolglos, bei 42 % erfolgreich, bei 47,5 % beobachtete er eine Spontanremission. Nach BRÄUTIGAM (1973) geben Psychoanalytiker bei Anorektikerinnen eine Sterblichkeitsrate zwischen drei und zehn Prozent an.

Die Einzeltherapie von Anorektikerinnen kann laut BRUCH (1984) nur dann erfolgreich sein, wenn sich auch ihr körperlicher Zustand bessert – zumal viele anorektische Verhaltensweisen als Folge von Mangelernährung anzusehen sind, so daß eine positive Wechselwirkung zwischen Gewichtszuwachs und der Lösung psychischer Probleme zu erwarten ist. Daher schlagen beispielsweise KERNBICHLER et al. (1983) eine Integration analytischer und verhaltenstherapeutischer Verfahren zur Gewichtsrestitution vor.

Im Fokus psychoanalytischer Behandlungsansätze der Anorexia nervosa steht die Anorektikerin. Behandlungsziel ist die Veränderung ihrer Persönlichkeit, die ihr ermöglichen soll, sich emotional von der Mutter zu lösen und in konstruktiver Weise mit ihren Triebimpulsen und Konflikten umzugehen, so daß das bizarre Eßverhalten überflüssig wird.

Als Behandlungsmethoden sind klassische und aktive Analyse zu unterscheiden (HOFNER 1978).

In der klassischen Analyse soll eine Übertragungsbeziehung aufgebaut werden, in der die Klientin früher verleugnete und verdrängte Erlebnisinhalte (zum Beispiel Aggressionen gegenüber der nicht-sorgenden Mutter) nacherlebt und mit Hilfe des Analytikers aufarbeitet.

»This can be achieved only by persistantly analyzing and frustrating the patient's need to turn the analyst into the mother, because in this way the analyst will be treated with the same ambivalence and distrust as the mother. It is only in the transference, that the patient can gain some insight and learn to separate the analyst and others from the mother.« (SPERLING 1978, p. 172).

Der Aufbau einer Übertragungsbeziehung hat sich bei Anorektikerinnen jedoch als schwierig erwiesen, da sie keine »Krankheitseinsicht« zeigen, sich weigern, sich auf die Couch zu legen, da sie sich nicht als krank oder hilfsbedürftig erleben, agieren und dadurch leicht ein Gegenagieren des Therapeuten auslösen.

Als Alternative zur klassischen bietet sich die aktive Analyse an, bei der zum Teil auf die Behandlung auf der Couch verzichtet wird. Die Aufgabe des Therapeuten besteht hier darin, die Klientin mit einer Vielzahl von Deutungen ihres Verhaltens zu konfrontieren. CLAUSER (1964, p. 161) meint:

> »Das sofortige Zupacken und Deuten von Fehlverhaltensweisen verhindert von Anfang an den Aufbau eines Abwehrschutzes gegen die Therapie. [...] Neben dem plastisch bildhaften Aufzeigen des magersüchtigen Fehlverhaltens ist die logisch konsequente Beweisführung wichtig und wirksam. Sie muß die Kluft zwischen dem Scheindasein und der Wirklichkeit aufzeigen. Unsere magersüchtigen Patientinnen danken uns eine konsequente und unerbittlich konfrontierende – aber ebenso gütige Behandlungsführung, weil sie ihrer Vitalität gerecht wird. In dieser Form des Dialogs, der ein affektives Mitschwingen bei dem Mädchen erzeugen muß, sollen die Magersüchtigen ihr Fehlverhalten nicht nur erkennen sondern auch erleben.«

Die aktive Analyse soll die anorektische Klientin auf die Gegebenheiten der Pubertät verweisen und sie so in eine Krise führen, da die anorektische Störung auf den Versuch zurückgeführt wird, diese Krise zu vermeiden. Kritik an diesen Behandlungsmethoden übt BRUCH (1982, p. 1536):

> »These patients suffer from an overriding, all pervasive sense of ineffectiveness, of not being in control of their bodies and bodily functions, of mistrusting as pretense or fraudulence any thoughts or feelings originating within themselves. They are equally uncertain and confused in understanding the behavior of others. To them the traditional psychoanalytic setting represents a factual reexperience of the transactional patterns that have pervaded their whole lives, namely, that somebody else ›knew‹ what they felt but they themselves did not know or feel it. ›Insight‹ to them had been just one more ›thing‹ they had passively accepted from their therapist but then devalued as meaning nothing.«

Als Alternative schlägt BRUCH vor, der Deutung des Klientenverhaltens weniger Gewicht beizumessen und statt dessen die Anorektikerinnen zu initiativem und autonomem Verhalten in der Therapiesituation zu ermutigen. Sie sollen die neue Erfahrung machen, daß ihnen jemand zuhört und das, was sie sagen, ernst nimmt, anstatt ihre Gefühle und die Bedeutung ihrer Aussagen zu interpretieren, und dadurch zu einem neuen Selbstbild gelangen. Wenn sich Anorektikerinnen an Erfahrungen aus ihrer Kindheit erinnern:

Beispiel: »mother always knew what I felt«,
bietet sich für den Therapeuten die Chance, ihre Kognitionen zu verändern.

Beispiel: »in fact the opposite was true and mother often disregarded their feelings«,
die enge Bindung an die Eltern zu lösen und ihnen dabei zu helfen, eigene Bedürfnisse zu entdecken und Werthaltungen zu entwickeln (BRUCH, p. 1537).

Die Einzeltherapie der Anorektikerin sollte laut BRUCH durch die Arbeit mit der gesamten Familie ergänzt werden, die BRUCH jedoch nicht näher beschreibt. In der Arbeit mit den Angehörigen können nicht nur zusätzliche Informationen für die Einzeltherapie der Anorektikerin gewonnen werden, hier soll auch einem Abbruch der Einzeltherapie durch die Eltern, der öfters auftritt, rechtzeitig entgegengewirkt werden.

4.1.2 Diskussion

Psychoanalytiker schließen von beobachtbaren Verhaltensweisen auf nicht beobachtbare, zugrundeliegende psychodynamische Prozesse – zum Beispiel von Nahrungsverweigerung auf die Abwehr sexueller Triebimpulse – und im Fall der Anorexia nervosa von beobachtbarem Verhalten, das sich in Pubertät und Adoleszenz manifestiert, auf spezifische frühkindliche Traumata – zum Beispiel von Nahrungsverweigerung auf die Frustration oraler Bedürfnisse.

Die empirische Bestätigung allgemeiner Gültigkeit psychoanalytischer Theorien zur Differentialätiologie der Anorexia nervosa und der Interpretationen des symptomatischen Verhaltens von Anorektikerinnen steht aus, was nicht zuletzt auf den Mangel an eindeutigen Operationalisierungen psychoanalytischer Konstrukte zurückzuführen sein mag. Da der psychoanalytische Therapieprozeß gleichzeitig als Forschungsprozeß verstanden wird, beruhen psychoanalytische Annahmen häufig auf Beobachtungen, die Analytiker in der Behandlung einzelner Klientinnen gewonnen haben (BREMIS 1978).

ERNSTS & VON LUCKNERS (1985) kritische Diskussion empirischer Untersuchungen zur Bedeutung der frühkindlichen Entbehrung der Mutter für die Persönlichkeitsentwicklung zeigt, daß frühe Erfahrungen nur dann bleibende Spuren hinterlassen, wenn sie – etwa infolge chronischer familiärer Spannungen – immer wieder bestätigt werden, und daß kein Zusammenhang zwischen Eßstörungen bei Jugendlichen und der Intensität und Qualität ihrer frühkindlichen Beziehung zu ihrer Mutter besteht.

Epidemiologische Untersuchungen weisen allerdings darauf hin, daß Anorektikerinnen tatsächlich in ihrer Identitätsentwicklung gestört sind und sich an Erwartungen anderer anpaßten, ehe sie ihr Symptomverhalten entwickelten. Daß ihr Eßverhalten in erster Linie dem Bedürfnis entspricht, sich selbst und die Umwelt zu kontrollieren, daß ihre Phantasien durch die Vorstellung oraler Schwängerung geprägt sind, daß die enge Beziehung von Mutter und Tochter ein Spezifikum der Anorexia nervosa ist, konnte bisher nicht empirisch belegt werden.

Ob die Störungen der Körperwahrnehmung und die Verzerrung des Körperbildes bei Anorektikerinnen echt sind oder von ihnen vorgetäuscht werden, und ob sie spezifisch für Anorexia nervosa sind, ist fraglich. Eine starke Variation der Symptomatik im Störungsverlauf ist häufig beobachtet worden.

BEMIS (1978) vermutet, daß Kognitionen von Anorektikerinnen, wie sie in psychoanalytischen Erklärungsansätzen beschrieben werden, nicht spezifisch für Anorektikerinnen sind, sondern auch bei Gleichaltrigen beobachtet werden könnten.

Die Trennung von Familienangehörigen, neue Aufgaben, die die Mädchen und jungen Frauen nicht bewältigen, und die Unzufriedenheit mit dem eigenen Aussehen scheinen tatsächlich häufig Auslöser anorektischer Symptomatik zu sein.

Auch die Annahme, daß bestimmte familiäre Interaktionsmuster die Entwicklung der Anorexia nervosa begünstigen und aufrechterhaltend auf die Störung wirken, scheint berechtigt zu sein. Allerdings bemerkt STEPHAN (1981) zurecht, daß beschriebene Familien als Prototyp gut situierter Mittelstandsfamilien erscheinen.

In psychoanalytischen Ätiologietheorien wird in der Regel eine unidirektionale Beeinflussung des Kindes durch seine Eltern angenommen. Die Möglichkeit der Wechselwirkungen des Verhaltens aller Familienmitglieder wird zu wenig berücksichtigt. Eine Ausnahme bildet BRUCHS Ansatz, der Annahmen über zirkuläre und reziproke Transaktionen zwischen Eltern und Kind beinhaltet.

Soziokulturelle Faktoren, die die Pathogenese der Anorexia nervosa begünstigen, indem sie das Verhalten der Familienmitglieder beeinflussen, bleiben in psychoanalytischen Ansätzen unberücksichtigt. Während Psychoanalytiker die anorektische Symptomatik als Zeichen der Ablehnung der weiblichen Geschlechtsidentität und Rolle deuten und ein Therapieziel darin sehen, Anorektikerinnen das Akzeptieren ihrer weiblichen Merkmale und ihrer Rolle zu ermöglichen, sehen Feministinnen darin eine Überanpassung an diese Rolle und eine »gesunde« Auflehnung nicht nur gegen familiäre sondern auch gegen gesamtgesellschaftliche Normen (vgl. BOSKIND-LODAHL 1976).

Welche Annahmen über die Ätiologie einer anorektischen Störung bei einer Behandlung im Vordergrund stehen und welche Symptome der Anorexia nervosa besonders beachtet werden, hängt von der theoretischen Grundausrichtung und dem Erfahrungshintergrund des einzelnen Psychoanalytikers und vom Verhalten der einzelnen Anorektikerin ab. Man könnte zu der Annahme verleitet sein, daß der Analytiker die Gültigkeit seiner Vermutungen während der Behandlung am Fall der einzelnen Anorektikerin überprüft. SCHMIDBAUER (1983, p. 50f) sieht den Vorzug der Analyse als Forschungsweise entsprechend darin, daß sich das »untersuchte Objekt« zur Wehr setzen und versuchen kann, in einem Dialog mit dem Analytiker dessen Meinungen zu korrigieren. Allerdings sollte man nicht übersehen, daß sich die Möglichkeiten der Klientinnen, korrigierend auf die Annahmen des Analytikers Einfluß zu nehmen, nicht auf Grundannahmen erstrecken, von denen psychoanalytische Ansätze ausgehen (HEMMINGER 1983).

Nicht auszuschließen ist, daß Analytiker die »freien Assoziationen« ihrer Klientinnen durch eigene Erwartungen beeinflussen, die sich beispielsweise aus der Diagnose »Anorexia nervosa« ergeben können, und interindividuelle Unterschiede übersehen. Anzunehmen ist, daß jeder Analytiker die Aufmerksamkeit einer anorektischen Klientin auf Erinnerungen an ihre frühe Kindheit lenken und negativen Erfahrungen, die sie aus dieser Zeit berichtet, mehr Beachtung schenken wird als eventuellen positiven Erfahrungen.

Dem Vorwurf, in psychoanalytischen Ansätzen sei »biologisch-triebenergetischer Reduktionismus« oder »entwicklungspsychologisch-genetischer Determinismus« festzustellen (BORN 1978; LOHMANN 1980), scheint BRUCH entgegenzuwirken, indem sie auf den eigenen Beitrag des Kindes zu seiner Entwicklung hinweist und darauf, daß der Entwicklungsprozeß durch Kindheit und Jugend hindurch anhält. Aber auch sie betont Auswirkungen frühkindlicher Frustrationen und beschreibt zwar Konflikte, die in Familien jugendlicher Anorektikerinnen zu beobachten sind, versteht sie jedoch als Neuauflage von Konflikten aus der frühen Kindheit der Klientinnen.

Aufgrund dieser Annahmen ist der grobe Ablauf eines psychoanalytischen Therapieprozesses, eine Rückführung der Klientin in ihre Kindheit mit Hilfe ihrer Erinnerungen und Phantasien, an die sich eine Hinführung zur Gegenwart anschließt, bereits vor Beginn der Behandlung festgelegt. Ähnliches gilt für die Therapieziele, das Akzeptieren der eigenen Triebe und Bedürfnisse und die Lösung von den Eltern, und weder die Abfolge einzelner Phasen des Behandlungsprozesses noch die mittel- und langfristigen Therapieziele sind spezifisch für die Behandlung von Anorektikerinnen.

Durch ihr Verhalten in der Therapiesituation, das der Analytiker in seinen Deutungen aufgreift, und ihre Reaktionen auf seine Anweisungen, nimmt die Klientin zwar Einfluß auf den Ablauf der einzelnen Sitzungen, zum Beispiel auf die Zeit, die einzelnen Themen gewidmet wird, sie wird jedoch nicht dazu aufgefordert, sich aktiv an der Planung, Durchführung und Evaluation ihrer Therapie, beziehungsweise einer Therapiestunde zu beteiligen.

Die Einzeltherapie der Anorektikerin als »identifizierter Patientin« (MINUCHIN, ROSMANN & BAKER 1981) ergibt sich als Konsequenz psychoanalytischer Ätiologietheorien, in deren Fokus die Anorektikerin steht, die sich weniger für gesellschaftliche Bedingungen als für deren Auswirkungen auf familiäre Interaktionen und weniger für familiäre Interaktionen als für die Form interessieren, in der sie die Anorektikerin verinnerlicht hat.

Man könnte die Einzeltherapie der Anorektikerin als äußeres Zeichen ihrer Ablösung von der Familie und Individuation deuten und sie als Voraussetzung für die Entwicklung der Ich-Stärke werten, die ja in psychoanalytischen Ansätzen als Behandlungsziele verfolgt werden. In der Praxis sehen sich Psychoanalytiker jedoch bei der Behandlung von Anorektikerinnen mit Klientinnen konfrontiert, bei denen laut CLAUSER (1964, p. 161)

> »psychoanalytisches Arbeiten nicht günstig ist: [...] In schweren Fällen fehlt jede Bereitschaft zu einem Gespräch, und es ist zunächst für lange oder überhaupt nicht möglich, einen Kontakt zu den Kranken zu gewinnen.«

Diese Ablehnung könnte meiner Meinung nach sogar als gesunde Reaktion auf den Therapeuten in der »übermächtigen, kontrollierenden oder ›alles besser wissenden‹« Rolle – man denke besonders an die »aktive« Analyse – gedeutet werden, der die Klientin durch seine Haltung und sein Verhalten in ihrem »schwachen, unselbständigen«, selbstunsicheren Verhalten und in ihrem Ineffektivitätsgefühl bestärkt (HOFNER 1978, Anhang I, p. 3).

FREUD (1972[21], p. 34) scheint bereits derartige Gefahren psychoanalytischer Behandlung gesehen zu haben, als er warnte:

> »So sehr es den Analytiker verlocken mag, Lehrer, Vorbild und Ideal für andere zu werden, Menschen nach seinem Vorbild zu schaffen, er darf nicht vergessen, daß dies nicht seine Aufgabe im analytischen Verhältnis ist, ja daß er seiner Aufgabe untreu wird, wenn er sich von seiner Neigung fortreißen läßt. Er wiederholt dann nur einen Fehler der Eltern, die die Unabhängigkeit des Kindes durch ihren Einfluß erdrückt hatten, er ersetzt nur die frühere Abhängigkeit durch eine neuere.«

Indem er Anorexia nervosa als Wunsch nach Regression, Ablehnung der eigenen Sexualität oder Furcht vor oraler Schwängerung deutet, vermittelt der Analytiker – wie es nach psychoanalytischer Auffassung früher die Mutter getan hat – der Anorektikerin leicht den Eindruck, daß er besser über sie Bescheid weiß als sie selbst (BINDER & BINDER 1979). BRUCH (1973, p. 336) kritisiert in diesem Zusammenhang Deutung als Mittel therapeutischer Intervention:

> »>Interpretation< to such a patient may mean the devastating reexperience of being told what he feels and thinks, confirming his sense of inadequacy and thus interfering with his developing true self-awareness and trust in his own psychological faculties.«

HOFNER (1978) schlägt vor, das Selbstverständnis anorektischer Klientinnen durch Zuhilfenahme transaktionsanalytischer Modelle zu fördern, die die Auswirkungen frühkindlicher Erlebnisse, von Verboten und Geboten der Eltern, auf die eigene Entwicklung veranschaulichen und ein selbständiges Verstehen erleichtern. Durch die Einbeziehung transaktionsanalytischer Übungen in die Therapie könnten Anorektikerinnen an der Deutung ihres Verhaltens beteiligt werden, was vermutlich ihre Therapiemotivation fördern, eine Einstellungs- und Verhaltensänderung begünstigen, ihr Selbsthilfepotential erhöhen und damit prophylaktisch wirken würde.

BRUCHs Ansatz scheint noch am ehesten geeignet zu sein, eine Entwicklung von Anorektikerinnen hin zu Autonomie und Ich-Stärke zu ermöglichen – allerdings besteht auch hier die Gefahr, daß die Abhängigkeit von der Mutter durch eine Abhängigkeit vom Therapeuten ersetzt wird. KÖCK (1982, p. 81) warnt:

> »Wer sich [...] als ›bessere Mutter‹ zur Verfügung stellt, wird dadurch die notwendige Auseinandersetzung des Beziehungspartners (Patienten) mit dessen wirklicher Mutter behindern, weil dieser ja jetzt eine bessere hat (zumindest in der Phantasie). Die dadurch entstehende Bündnisbildung führt dazu, daß die wirkliche Mutter beschuldigt werden *muß*, um den narzißtischen Gewinn aus der momentanen Situation nicht zu verlieren.«

KÖCK deutet nicht nur an, in welcher Weise der Analytiker (ungewollt) die Kognitionen seiner Klientin, die frühkindliche Erfahrungen betreffen, beeinflussen kann, KÖCK liefert auch eine Erklärungsmöglichkeit dafür, daß Eltern von Anorektikerinnen der psychoanalytischen Behandlung ihrer Tochter »skeptisch« oder »eifersüchtig« gegenüberstehen, keine Einsicht in die Notwendigkeit einer Therapie zeigen oder diese vorzeitig abbrechen, wie vielfach berichtet wird (HOFNER). Die Annahme liegt nahe, daß sich Eltern durch einen Therapeuten, der eine Heilung ihrer Tochter anstrebt, nachdem sie selbst als Erzieher »versagten«, bedroht fühlen.

Sowohl Bruch als auch Sperling verweist auf die Möglichkeit, unabhängig von der Anorektikerin andere Familienmitglieder zu behandeln, um deren negativer Einstellung gegenüber der Therapie der Anorektikerin entgegenzuwirken. Dies empfiehlt sich besonders bei der Therapie sehr junger Mädchen, bei denen abzusehen ist, daß sie noch längere Zeit in ihrer Herkunftsfamilie leben werden. Gerade die Einbeziehung der Mutter in den Therapieprozeß in Form einer parallelen Behandlung von Mutter und Tochter oder auch innerhalb einer Familientherapie scheint sinnvoll, wenn man Vermutungen neuerer Ätiologietheorien zur Anorexia nervosa berücksichtigt.

Sie besagen, daß es zu einer Störung der frühen Mutter-Kind-Beziehung, die letztlich zur Anorexie führt, kommen muß, weil sich die Mutter nicht mit ihrer Rolle als Frau und Mutter identifizieren kann, und daß sie ihre ablehnende Einstellung gegenüber der eigenen Geschlechtsrolle und Sexualität an die Tochter weitervermittelt.

Vermutlich ist die Anorektikerin nicht das einzige Familienmitglied, das Probleme erlebt und sich problematisch verhält. Die Annahme, daß sich einzelne Familienmitglieder gegenseitig in ihrem Problemverhalten bestärken und daß dadurch die Weiterentwicklung der Anorektikerin in einer Einzeltherapie gehemmt wird, sollte von Psychoanalytikern zumindest geprüft werden. Dabei ist nicht nur der Einfluß der Mutter sondern auch der des Vaters und anderer Familienmitglieder zu berücksichtigen, da ihr Verhalten das Verhalten von Mutter und Tocher mitbedingt.

Minuchins, Rosmans & Bakers (1981, p. 29) Kritik an Bruch, daß sie sich für die vergangenen Interaktionen zwischen Mutter und Kind als »Internalisierung des Interpersonalen als einem innerpsychischen Phänomen« interessiert und den familiären Interaktionen im Hier und Jetzt zu wenig Aufmerksamkeit schenkt, trifft nach meiner Einschätzung auf andere psychoanalytische Ansätze – etwa von Sperling – in noch stärkerem Maß zu.

Interpretationen wie die von Selvini Palazzoli, daß die Nahrungsverweigerung bei Anorektikerinnen weniger den Wunsch nach Regression und eher den nach Autonomie symbolisiert, und daß Sexualängste von Anorektikerinnen auch als Ausdruck ihrer Angst vor »Invasion« im allgemeinen zu verstehen sind, sollten durch die Beobachtung familiärer Interaktionsmuster überprüft werden. Dadurch würde sich zumindest in Einzelfällen eine andere Deutung und Bewertung anorektischer Symptome ergeben, die im familiären Rahmen nicht nur als Reaktion auf Umweltbedingungen sondern auch als zielgerichtete Aktion wahrgenommen werden können, die Einfluß auf Umweltbedingungen nimmt.

Vor allem feministische Kritikerinnen psychoanalytischer Erklärungs-

und Behandlungsansätze gehen so weit zu fordern, daß nicht nur familiäre Entwicklungsbedingungen dieser Störung sondern auch gesellschaftliche Bedingungen in Theorie und Therapie zu berücksichtigen sind. VORDER-BRÜGGE & GROTH (1981, p. 181) bringen die hohe Therapieresistenz von Anorektikerinnen und die Mißerfolge psychoanalytischer Behandlungs-ansätze, über deren Ausmaß aufgrund des Mangels an entsprechenden Studien und Publikationen nur spekuliert werden kann, mit der Vernach-lässigung der Lebensbedingungen von Frauen in der Theorie und einem »Therapieziel, das die Frau auf eine sie diskriminierende Rolle festlegen will«, in Verbindung. Nach POHLEN & PLÄNKERS (1982, p. 420f) begriff bereits FREUD die Familie

> »als *Vermittler* der gesellschaftlich herrschenden Form der Triebregulation [...und] als *Opfer* der gesellschaftlichen Verhältnisse, indem sich im engen familiären Raum all die Widersprüche entfalten und dort ausgetragen werden müssen, die letztlich auch die Gesellschaft bestimmen.«

Wechselwirkungen zwischen individuellen, familiären und soziokultu-rellen Bedingungen finden in psychoanalytischen Ansätzen zu wenig Beachtung.

> »Zwischen dem von einzelnen hochgehaltenen Anspruch, daß die Psychoana-lyse neben ihrer klinischen Bedeutung eine kritische Wissenschaft von den Entwicklungsbedingungen des Menschen sei, und der Realität der psychoana-lytischen Praxis klafft ein Riß. Das gesellschaftliche Moment in der Entstehung individuellen psychischen Elends wird vernachlässigt, Psychoanalyse erscheint immer nur als die nachträgliche individuelle Korrektur der mißglückten Entfal-tung eines einzelnen.« (MOSER 1977[2], p. 232)

Man könnte hinzufügen: des einzelnen, der über eine gewisse verbale Kommunikationsfähigkeit verfügen muß, da die psychoanalytische Behandlung auf der Grundlage der verbalen Interaktion zwischen Thera-peut und Klient durchgeführt wird, der einen der raren Analyseplätze erringt und es sich leistet, eine lange und teure Behandlung in Anspruch zu nehmen. SELVINI PALAZZOLI gibt beispielsweise an, daß sie für die psychoanalytische Behandlung von Anorektikerinnen oft fünfhundert bis sechshundert Sitzungen benötigte (BARROWS 1983).

Die Frage, wie man der »Privilegierung« einzelner Klientinnen, die über Sprachkompetenz, finanzielle Mittel und sozialen Status verfügen, entgegenwirken könnte, verleitet zu der Überlegung, wie ähnliche Ziele, wie sie Psychoanalytiker in der Behandlung der Anorexia nervosa verfol-gen, mit anderen Mitteln oder durch die Kombination von analytischen und anderen Behandlungsmaßnahmen zu erreichen sind. Auf eine Erwei-terungsmöglichkeit der therapeutischen Mittel durch tansaktionsanalytische Maßnahmen und eine Ergänzungsmöglichkeit der Einzeltherapie der Anorektikerin durch eine parallele Behandlung wichtiger Bezugspersonen oder durch eine Familientherapie wurde bereits hingewiesen. Der Nutzen der folgenden Anregungen bleibt in der Behandlung von Anorektikerinnen zu prüfen.

Informationen über Phantasien von Anorektikerinnen, die analytisch zu deuten sind, scheint auch die Mal- und Märchentherapie zu bieten. Zur Veranschaulichung soll Abbildung 11 der Zeichnung einer zwölfjährigen Anorektikerin dienen. Diese Therapieform hat den Vorteil, daß neben verbalen auch Bild-Informationen, die die Klientin liefert, in die Therapie einbezogen werden können. Außerdem hebt KLOSINSKI (1978, p. 215) hervor,

Das tapfere Schneiderlein beim Riesen

Abbildung 11. Bild aus der Mal- und Märchentherapie einer zwölfjährigen Anorektikerin und seine Deutung durch KLOSINSKI (1978, p. 210). Iris betitelt das Bild: »Das tapfere Schneiderlein beim Riesen«. Offenbar identifiziert sie sich mit dem kleinen Schneiderlein. Wer der große, übermächtige Riese ist (Vater, Therapeut und/oder Mutter) kann nur gemutmaßt werden. Das bedrohliche Moment und das Ausgeliefertsein diesem übermächtigen Riesen gegenüber ist hier in einer sehr einfachen aber sehr ausdrucksstarken Zeichnung festgehalten.

»daß gerade bei Anorexia-nervosa-Patientinnen in der Vorpubertät durch den Einfluß von Märchen auf die noch zum Teil magische Vorstellungswelt der sonst meist überintellektualisierten Mädchen eine Auflockerung und Befreiung der mehr gefühlsbetonten und bislang zu kurz gekommenen Seite ihrer Persönlichkeit erfolgen kann.«

In Anlehnung an BRUCHs Annahmen über Zusammenhänge zwischen der Fähigkeit, eigene Körpersignale differenziert wahrzunehmen, zu deuten und zu kontrollieren, und dem eigenen Selbstbild schlägt HOFNER (1978, p. 58 f) den Einsatz bioenergetischer, bewegungs-, tanz- und gestalttherapeutischer Verfahren in der Anorexie-Therapie vor, da jedes dieser Verfahren

»eine Wahrnehmung des Körpers, seiner Signale und der durch ihn vermittelten Gefühle ermöglicht und mit Hilfe einer einfachen und klaren Sprache sie auszudrücken und zunehmend auch zu differenzieren lehrt, so daß der eigene Körper zum Hilfsinstrument wird, die unterentwickelte Gefühlswahrnehmung und -differenzierung zu entwickeln. Das hieße, die Körpersprache, die zuerst als einzige angeboten wird, therapeutisch zu nutzen und sie positiv zu bewerten im Gegensatz zu Therapien, die mehr den Mangel der verbalen Ausdrucksfähigkeit der Anorexia-nervosa-Patienten betonen.«

Eingesetzt wurden körpertherapeutische Maßnahmen in der Behandlung von Anorektikerinnen zum Beispiel von BRINKMANN et al. (1981), die von der Möglichkeit berichten, durch bioenergetische Übungen die Wahrnehmung interner Stimuli (von Körperempfindungen, Gefühlen und Bedürfnissen) zu aktivieren und das Ausdrucksverhalten von Anorektikerinnen durch den kongruenten Gebrauch verbaler und nonverbaler Verständigungsmöglichkeiten zu optimieren.

4.1.3 Zusammenfassung

Psychoanalytiker verstehen Anorexia nervosa als orale Störung, als sexuelle Störung, als Form der Regression.

Gestörte Körperwahrnehmung, gestörtes Körperbild, Gefühl eigener Ineffektivität, Nahrungsverweigerung, Gewichtsabnahme, Amenorrhöe und Furcht vor einem Kontrollverlust über den eigenen Sexualtrieb werden zu ihren Symptomen gezählt.

Die Entwicklung der Anorexia nervosa wird auf die Störung der Beziehung von Tochter und Mutter zurückgeführt, die eine orale Fixierung der Tochter und die Blockierung ihrer Identitätsbildung bedingt. Als Auslöser der Symptomentwicklung werden pubertäre Entwicklungsaufgaben genannt, denen die Tochter nicht gewachsen ist. Es wird vermutet, daß ein Gefühl des Kontrollgewinns über den eigenen Körper und die Umwelt, eine gestörte Wahrnehmung von Körpersignalen und -proportionen und spezifische familiäre Interaktionsmuster – vor allem die Leugnung familiärer Schwierigkeiten durch Familienangehörige – zur Aufrechterhaltung der Anorexia nervosa beitragen.

Neben der parallelen traditionellen psychoanalytischen Behandlung von Mutter und Tochter werden die Kombination verhaltenstherapeutischer und analytischer Verfahren in der Einzeltherapie der anorektischen Klientin, die deren aktive Beteiligung erfordert, und Familientherapie vorgeschlagen.

Vorrangiges Behandlungsziel ist die Persönlichkeitsveränderung der Anorektikerin, die Entwicklung ihrer Ich-Identität.

Psychoanalytische Bestimmungs-, Erklärungs- und Behandlungsansätze der Anorexia nervosa schenken Kognitionen der Anorektikerin und deren Veränderung die größe Aufmerksamkeit. Sie liefern eine Vielfalt von Bedingungshypothesen, die im praktisch-psychologischen Handeln – etwa nach den Vorstellungen LOHMANNS (1982) – genutzt werden können. Allerdings ist deren Gültigkeit unbedingt am Einzelfall der Anorektikerin zu überprüfen. Zu kritisieren sind die Überbetonung frühkindlicher Erlebnisse für die Ätiologie der Anorexia nervosa und die Vernachlässigung aktueller familiärer und gesellschaftlicher Bedingungen in Theorie und Therapie. Und zu kritisieren sind vor allem die Behandlungsansätze, die die Möglichkeit einer zumindest zeitweiligen Einbeziehung von Familienmitgliedern in die Therapie, die nach Beobachtungen etwa von BRUCH indiziert zu sein scheint, zu wenig berücksichtigen. Die therapeutische Haltung von Analytikern ist vermutlich eher geeignet, die Therapieresistenz von Anorektikerinnen zu steigern, beziehungsweise ihre frühere Abhängigkeit von der Mutter, die in Ätiologietheorien beschrieben wird, durch eine Abhängigkeit vom Therapeuten zu ersetzen. Hinzu kommen die hohen »Kosten« einer psychoanalytischen Behandlung und die Tatsache, daß sie ein besonderes Maß an Sprachkompetenz der Klientinnen voraussetzt. Psychoanalytiker verfolgen die Förderung des Selbstbewußtseins der Anorektikerinnen, die Förderung ihrer Akzeptanz eigener Bedürfnisse und Gefühle, die Förderung des direkten Ausdrucks von Bedürfnissen und Gefühlen, die Förderung der Ablösung von den Eltern als Behandlungsziele. Eine psychologische Haltung, wie sie LOHMANN (1982) beschreibt, oder eine Haltung, um die sich Gesprächspsychotherapeuten bemühen, und eine Kombination therapeutischer Mittel, wie sie innerhalb von Transaktionsanalyse, Mal- und Märchentherapie und körperorientierten Therapieverfahren, Gestalt- und Familientherapie entwickelt wurden, scheinen in Verbindung mit dem Wissen um psychoanalytische Ätiologietheorien eher dazu geeigent zu sein, diese Ziele zu verfolgen, als therapeutische Haltungen und Mittel, die in psychoanalytischen Ansätzen beschrieben werden.

4.2 Feministische Ansätze

Mit der Theorie und Therapie frauenspezifischer Störungen beschäftigen sich feministische Ansätze innerhalb der Psychologie. Sie orientieren sich an einem sozialwissenschaftlichen Modell psychischer Störungen und interpretieren dieselben »als Reaktionen auf Lebensbedingungen unter den konkreten gesellschaftlichen Verhältnissen« (JOCHENS 1981, p. 37), als »Hypernormalisierung der Weiblichkeit« (PSYCHOLOGINNENGRUPPE MÜNCHEN 1978). Impliziert ist die Annahme, daß diese Störungen spezifische, durch die Sozialisationserfahrungen von Frauen geprägte Problembewältigungsstrategien darstellen, die durch Unselbständigkeit, Aufopferung für die Familie, Konflikt- und Aggressionsscheu geprägt sind (DOMINICK 1982), daß durch sie Erwartungen, die in unserer Gesellschaft an Mädchen und Frauen gerichtet werden, übererfüllt und pervertiert werden (TEEGEN 1978).

Allgemein wird in feministischen Therapieansätzen im Unterschied zu herkömmlichen Ansätzen, die »dort individuelle Lösungen suchen, wo soziale Bedingtheit vorliegt«, um Frauen an herrschende Verhältnisse anzupassen, zumindest auch das Ziel verfolgt, den Frauen Einsicht in die gesellschaftliche Bedingtheit und Universalität ihrer Probleme zu vermitteln. Feministische Therapeutinnen wollen emanzipatorisch wirken, indem sie »Frauen dazu verhelfen, ihren eigenen Lebenszusammenhang persönlich und politisch so zu verändern, daß eine Unterdrückung und Einschränkung auf die weibliche Geschlechtsrolle nicht mehr stattfinden kann« (JOCHENS, p. 110–118). Dabei greifen sie häufig auf traditionelle Behandlungsverfahren, insbesondere auf gruppentherapeutische Verfahren, zurück.

4.2.1 Bestimmung, Erklärung und Behandlung der Anorexia nervosa

Bei der Bestimmung, Erklärung und Behandlung der Anorexia nervosa berufen sich Feministinnen auf die Psychoanalyse, insbesondere auf die ätiologischen Annahmen von BRUCH, um sich gleichzeitig dagegen abzugrenzen.

ORBACH (1984) definiert Anorexia nervosa als Lösungsversuch eines Komplexes gesellschaftlich bedingter und individuell erlebter psychischer Probleme.

Das anorektische Streben nach übermäßiger Schlankheit gleicht laut ORBACH (1979[3], p. 139) einer »Parodie auf die weibliche Zerbrechlichkeit«. In der Deformierung des Körpers und der Unterdrückung von Hungergefühlen spiegelt sich nach Ansicht »ORBACHS (p. 146) die ablehnende Haltung der Gesellschaft gegenüber der »sündhaften, gefährlichen und unberechenbaren« weiblichen Sexualität. In der Hyperaktivität sieht sie den Versuch, Einfluß auf die frauenfeindliche Welt zu gewinnen. Die hohe Leistungsmotivation von Anorektikerinnen resultiert nach ORBACH aus Zweifeln an der eigenen Existenzberechtigung als Frau.

WEDEL (1979) interpretiert die anorektische Symptomatik als neurotischen Versuch, widersprüchliche gesellschaftliche und familiäre Rollenerwartungen gleichzeitig zu erfüllen und in Frage zu stellen.

BOSKIND-LODAHL (1976) deutet anorektisches Verhalten als übertriebenes Streben nach nahezu perfekter Anpassung an die weibliche Rolle, die durch Verleugnung eigener Wünsche und Bedürfnisse, geringe Selbstachtung und Abhängigkeit von der Bestätigung durch andere, insbesondere durch Männer, gekennzeichnet ist.

Typisch weibliche Sozialisationserfahrungen soll ihr Ätiologiemodell der Anorexie, Adipositas und Bulimie wiedergeben, das Abbildung 12 zeigt.

Es beruht auf BOSKIND-LODAHLS Beobachtungen an 138 Frauen und 4 Männern, die sie 1974/75 behandelte. Allerdings wurden nur acht Personen anhand von Tests und anderen Verfahren, auf die BOSKIND-LODAHL nicht näher eingeht, systematisch untersucht.

Das Modell verdeutlicht BOSKIND-LODAHLS Annahme, daß sich Anorexia nervosa, Adipositas und Bulimie unter den gleichen Bedingungen entwickeln, es macht jedoch keine Angaben zu ihrer Differentialätiologie. Entsprechend finden sich bei BOSKIND-LODAHL auch keine Hinweise auf eine differentielle Indikation therapeutischer Interventionsmaßnahmen.

Zur Therapie der Bulimie empfehlen BOSKIND-LODAHL & SIRLIN (1979) feministische Gruppentherapie als »soziale Behandlung gegen eine soziale Neurose«.

VORDERBRÜGGE & GROTH (1981) meinen, daß feministische Selbsthilfegruppen, wie sie ORBACH in der Arbeit mit adipösen Frauen initiierte, auch für anorektische Mädchen und Frauen nützlich sein könnten.

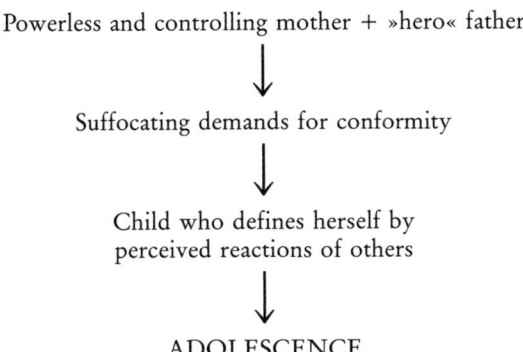

CHILDHOOD

Powerless and controlling mother + »hero« father

↓

Suffocating demands for conformity

↓

Child who defines herself by
perceived reactions of others

↓

ADOLESCENCE

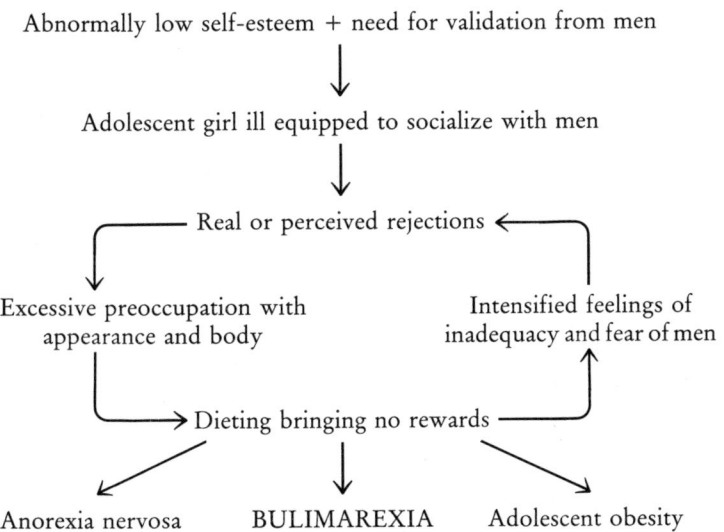

Abnormally low self-esteem + need for validation from men

↓

Adolescent girl ill equipped to socialize with men

↓

Real or perceived rejections

Excessive preoccupation with
appearance and body

Intensified feelings of
inadequacy and fear of men

Dieting bringing no rewards

Anorexia nervosa   BULIMAREXIA   Adolescent obesity

Abbildung 12. BOSKIND-LODAHLS (1976, p. 439) Ätiologiemodell frauenspezifischer Eßstörungen.

ORBACH (1984) selbst hält nach Versuchen mit Kurz-Zeit-Therapiegruppen, Selbsthilfegruppen, Kurz-Zeit-Einzeltherapie und zeitlich nicht begrenzter Einzeltherapie letzteres für das Verfahren, das sich am ehesten zur Behandlung von Anorektikerinnen eignet. Sie beschreibt verschiedene Therapiephasen: eine Eingangsphase von ein bis sechs Monaten Dauer, eine mittlere Phase, die zwischen zwei und vier Jahren umfaßt, und eine Endphase, welche ein halbes bis ein Jahr dauert. In der Eingangsphase soll eine partnerschaftliche Beziehung zwischen Anorektikerin und Therapeutin entwickelt werden. Dies setzt laut ORBACH voraus, daß die Therapeutin den anfänglichen Widerstand der Anorektikerin gegen eine Behandlung als notwendig akzeptiert und ihr die Selbstschutzfunktion dieses Widerstands erklärt, und daß sie es der Anorektikerin überläßt, das eigene Eßverhalten zu kontrollieren, so lange diese eine zu bestimmende Gewichtsgrenze nicht unterschreitet. Gegen Ende der Eingangsphase sollten sich Gespräche nach Meinung ORBACHS zunehmend weniger auf das Eßverhalten und mehr auf auslösende und aufrechterhaltende Bedingungen ihres Symptomverhaltens konzentrieren. Der Anorektikerin soll Gelegenheit gegeben werden, ihre Bedürfnisse zu entdecken – seien sie physischer oder psychischer Natur. In der Beziehung zu ihrer Therapeutin soll sie erfahren, daß ihren Bedürfnissen Raum gegeben wird, und daß Intimität nicht mit einem Kontrollverlust einhergehen muß. Gegen Ende der Therapie soll die Anorektikerin über vielfältige, direkte Ausdrucksmöglichkeiten verfügen, so daß sie nicht mehr darauf angewiesen ist, sich anderen durch die Einschränkung ihrer Nahrungsaufnahme und die Reduktion ihres Körpergewichts mitzuteilen. Da sie sich von ihrer Therapeutin angenommen fühlt, wird sie ihre Widerstände aufgeben und nach einer Phase der Verwirrung ihren Wunsch nach Nähe zu anderen Personen und ihre Bedürfnisse in zwischenmenschlichen Beziehungen entdecken und beginnen, sich selbst wertzuschätzen. Ist sie in der Lage, freundschaftliche Beziehungen zu anderen Menschen einzugehen und ihr Bild von ihren Eltern zu verändern, kann die Therapie beendet werden.

4.2.2 Diskussion

Zu messen sind feministische Ansätze an ihrem Anspruch, die Annahme der soziokulturellen Bedingtheit von Anorexia nervosa zu erläutern und Anorektikerinnen nicht nur nachträglich zu behandeln sondern durch die betroffenen Mädchen und Frauen auch auf gesellschaftliche Bedingungen einzuwirken, von denen vermutet wird, daß sie zur Entwicklung und Aufrechterhaltung dieser Störung beitragen.

Die der Bestimung von Anorexia nervosa als frauenspezifischer Störung entsprechende Beschränkung feministischer Ansätze auf die Beschreibung des Zusammenhangs von geschlechtsspezifischer Sozialisation und anorektischer Entwicklung führt dazu, daß soziokulturelle Faktoren, die das Leben weiblicher *und* männlicher Personen beeinflussen und die Entwicklung der Anorexia nervosa begünstigen, außer Acht gelassen werden. Hierzu zählen Faktoren, die die Identitätsfindung Jugendlicher erschweren, wie die säkulare Akzeleration der Geschlechtsreife bei gleichzeitiger Verlängerung der ökonomischen Abhängigkeit Auszubildender von ihren Eltern und die für Kleinfamilien typischen engen emotionalen Bindungen zwischen Familienmitgliedern, auch Faktoren, deren Einfluß auf allen Altersstufen wirksam ist, wie die Konsum- und Leistungsorientierung westlicher Gesellschaften (vgl. KARREN 1983).

Nicht berücksichtigt wird die Tatsache, daß neben Anorektikerinnen auch junge Männer existieren, die zwar nur sechseinhalb Prozent aller anorektischen Personen ausmachen, bei deren Störung jedoch ähnliche pathogene Faktoren angenommen werden und die den Mädchen und Frauen mit Anorexia nervosa in ihrer Symptomatik ähneln (MESTER 1981).

Und die Frage, warum nicht mehr Mädchen und junge Frauen eine Eßstörung entwickeln, zumal anzunehmen ist, daß nicht nur Anorektikerinnen von »typisch weiblichen« Sozialisationserfahrungen betroffen sind, ist noch unbeantwortet.

Dennoch stellen feministische Ätiologietheorien eine sinnvolle Ergänzung anderer Theorien dar, in denen soziokulturelle Entwicklungsbedingungen der Anorexia nervosa zu wenig Berücksichtigung finden. Ausgehend von feministischen Annahmen ergibt sich die Möglichkeit, Anorexia nervosa entweder als Folge gestörter individueller Entwicklung und Ausdruck psychischer Desorganisation oder als hochorganisierte Anpassungsleistung an gegebene gesellschaftliche und familiäre Bedingungen zu betrachten – eine Alternative, die jeder Therapeut bei der Behandlung von Anorektikerinnen beachten sollte (vgl. OVERBECK 1977).

Eine differenzierte Darstellung und Kritik feministischer Therapieansätze, auf die hier verzichtet wird, findet sich bei JOCHENS (1981). Nach ihrer Meinung liegen Probleme dieser Ansätze in den Widersprüchen, die sich aus dem Begriff einer »feministischen« »Therapie« ergeben, und in den Unterschieden zwischen formulierten Zielen und praktizierter Wirklichkeit. Nicht nur Frauen, die unter schweren psychischen Störungen leiden – und dazu zählen viele Anorektikerinnen, werden von feministischen Therapeutinnen mit traditionellen Therapiemethoden behandelt – man denke an die Beschreibung von ORBACHS Einzeltherapieansatz – oder an konventionelle therapeutische Institutionen verwiesen, wodurch einer Veränderung gesellschaftlicher Verhältnisse eher entgegengewirkt wird.

Katamnestische Daten feministischer Therapieversuche bei Anorektikerinnen liegen bisher nicht vor.

4.3 Verhaltenstherapeutische Ansätze

Verhaltenstherapeutische Ansätze beruhen auf Annahmen der Experimental- und Lernpsychologie.

Im Unterschied zu Psychoanalytikern und Vertreterinnen feministischer Therapieansätze richten Vertreter klassischer verhaltenstherapeutischer Ansätze ihre Aufmerksamkeit ursprünglich nicht auf die gesamte Persönlichkeit zu behandelnder Personen sondern auf beobachtbares Verhalten und auf postive oder aversive Umweltreize und Personen mit Modellfunktion, von denen angenommen wird, daß sie das beobachtbare Verhalten beeinflussen. In neueren Ansätzen werden aber auch nicht beobachtbare physiologische Vorgänge und Kognitionen zu behandelnder Personen berücksichtigt, die Verhaltensstörungen bedingen und selbst Teil einer Verhaltensstörung sein können. Während Vertreter klassischer verhaltenstherapeutischer Ansätze davon ausgehen, daß Verhalten durch vorausgehende und nachfolgende Reizbedingungen konkreter Situationen gesteuert wird, bezeichnen es beispielsweise GRAWE & DZIEWAS (1978) als Teil eines nicht immer klar bewußten Plans, mit dem eine Person bestimmte Ziele verfolgt.

Erwerb und Aufrechterhaltung funktionalen und gestörten Verhaltens, zu dem unangepaßte Verhaltensmuster und Verhaltensdefizite zu zählen sind, werden gleichermaßen durch klassische oder operante Konditionierungs- oder Modellernprozesse erklärt.

Symptome psychischer und psychosomatischer Störungen werden mit der Störung gleichgesetzt und als gelernte inadäquate Re-Aktionsmuster interpretiert, die durch systematisches Ver- oder Neulernen zu verändern sind, was auch eine Veränderung von Umweltbedingungen impliziert (vgl. FITTKAU 1982).

An die Stelle der Klassifikation von Verhaltensstörungen rückt hier die Analyse spezifischer Bedingungsvariablen spezifischen Verhaltens (vgl. SCHMIDTKE 1980), aus der spezifische Behandlungsziele und -strategien abgeleitet werden. Als Grundlage der Analyse dient häufig KANFERS SORKC-Modell, in dem folgende Bedingungsvariablen unterschieden werden:

S – vorhergehender Stimulus
O – Organismus (biologische Ausstattung)
R – Reaktionsrepertoire
K – Kontingenzverhältnisse (charakterisieren die Beziehung zwischen R und C)
C – Verhaltenskonsequenz (vgl. KANFER & PHILIPPS 1970).

Nach KANFER & SASLOW (1969) sollten in der Verhaltensanalyse

– in der Problemsituation relevante Verhaltensweisen bestimmt,
– aufrechterhaltende Bedingungen des gestörten Verhaltens – auch Verhaltenskonsequenzen – benannt,
– idiosynkratisch wirksame Verstärker gesammelt,
– biologische Anlagen der betroffenen Person, soziokulturelle Erfahrungen und Charakteristika ihrer Verhaltensentwicklung erfaßt,
– Selbstkontrollmechanismen untersucht,
– soziale Beziehungen berücksichtigt,
– soziale, kulturelle und physikalische Umweltfaktoren ermittelt werden, die zur Entstehung und Aufrechterhaltung des gestörten Verhaltens beigetragen haben.

Als langfristiges Ziel verhaltenstherapeutischer Ansätze gilt die Funktionstüchtigkeit des Individuums, seine Fähigkeit, sich optimal an Umweltbedingungen anzupassen. In neueren Ansätzen werden damit auch die Fähigkeit zur Selbstkontrolle und eine konstruktive Weltsicht verbunden (vgl. FITTKAU 1982).

Als mittelfristige Ziele der gegenwarts- und zukunftsbezogenen Behandlung nennt LOHMANN (1980, p. 32)

»– Eliminierung oder zumindest Schwächung fehlangepaßter Reaktionen;
– Entwicklung oder Aufbau neuer und adäquater Verhaltensweisen;
– Stabilisierung der neu gelernten Reaktionen.«

In ihrem planvollen therapeutischen Handeln können Verhaltenstherapeuten auf ein breites Spektrum von Interventionsverfahren zurückgreifen, wobei Aneignungs- und Beseitigungsverfahren, Verfahren zur Beeinflussung offenen und verdeckten Verhaltens oder physiologischer Vorgänge und Verfahren, bei denen Änderungsprozesse hauptsächlich durch den Therapeuten, durch Mediatoren, durch eine Trainingsgruppe oder durch einzelne Klienten selbst gesteuert werden, zu unterscheiden sind. Diese Verfahren werden einzeln eingesetzt oder kombiniert (vgl. KESSLER & ROTH 1980).

4.3.1 Bestimmung, Erklärung und Behandlung der Anorexia nervosa

Bei Gleichsetzung von Symptom und Störung wird Anorexia nervosa von Verhaltenstherapeuten meist zu den Störungen des Eßverhaltens gezählt und als phobische Vermeidung einer Gewichtszunahme oder von Nahrungsmitteln angesehen. BRADY & RIEGER (1975, p. 48) berichten von folgenden Beobachtungen an Anorektikerinnen:

»They behave rather as though they suffer from an eating phobia – eating generates anxiety, and their failure to eat represents avoidance. In other words, their cessation of eating after ingesting a very small portion of a meal (or removing it from the body by self-induced vomiting) is reinforced by anxiety reduction.«

Entsprechend konzentrierten sich auch verhaltensorientierte Behandlungsansätze lange Zeit ausschließlich auf die Anorektikerin mit dem Ziel, ihre Gewichtszunahme herbeizuführen oder ihr Eßverhalten zu normalisieren.

Gegenwärtig fällt jedoch auf, daß auch Verhaltenstherapeuten, die eine Gewichtszunahme der Anorektikerin anstreben, auf ihre Defizite im Sozialverhalten, vor allem auf fehlendes Durchsetzungsvermögen, auf Ängstlichkeit, Nervosität, Hyperaktivität oder auf familiäre Probleme hinweisen, die ebenfalls einer Behandlung bedürften.

Ein Ätiologiemodell der Anorexia nervosa von HAUTZINGER (1980) beschreibt die Entwicklung dieser Störung durch klassische und operante Konditionierung und Modellernen. Kognitive Prozesse werden berücksichtigt. HAUTZINGER nimmt an, daß die »abnormen« Verhaltensmuster von Anorektikerinnen nicht typisch für Anorexia nervosa sind, daß die Qualität anorektischen Verhaltens nicht von der Qualität »normaler« Eßstörungen zu unterscheiden ist, sondern daß lediglich deren Quantität bei Anorektikerinnen erhöht ist. Dies führt er vor allem auf negative Reaktionen der Eltern von Anorektikerinnen zurück, die das unerwünschte Verhalten der Töchter durch ihre Aufmerksamkeit verstärken und darauf, daß Anorektikerinnen lernen, durch ihr Eßverhalten Reaktionen ihrer Umgebung zu beeinflussen und zu kontrollieren.

Verhaltenstherapeuten wirft HAUTZINGER vor, daß sie zum großen Teil Anorektikerinnen therapieren ohne zuvor in einer umfassenden und differenzierten Verhaltensanalyse individuelle Verhaltensbedingungen und deren Wechselwirkungen exploriert und daraus individuelle Therapieziele und -pläne abgeleitet zu haben. Er selbst entwickelte ein »Verhaltensanalytisches Modell der Anorexia nervosa«, in dem Beobachtungen und Ergebnisse aus der Anorexie-Forschung den Kategorien von KANFERS SORKC-Modell zugeordnet sind (vgl. KANFER & PHILLIPPS 1970). Wie Abbildung 13 zeigt, werden in diesem Modell prädisponierende und auslösende Faktoren (vorausgehende Reizbedingungen, Einstellungen der Anorektikerin und auslösende situative Bedingungen), somatische und behaviorale Merkmale der Anorektikerin (Organismusvariablen und Verhaltensmerkmale) und aufrechterhaltende Faktoren (Verhaltenskonsequenzen und ihre Kontingenz) unterschieden. Das soziale Umfeld und die Merkmale der Anorektikerin werden gleichermaßen berücksichtigt.

Preceding Stimulus and Cognitive Conditions (S/UCS)
Tense, highly conflictive family situation
Emotional deprivation, little caring
Ambivalent relationship to the mother, father and/or siblings
Conflicts and rivalries with siblings
Attitudes towards sexuality, towards aggressions (taboos, norms)
Personal experiences with being overweight (teasing)
Fear of obesity, rejection of fat people
Overweight mother
Aversive eating situation (haste, restlessness, table-manners)
Pressure to achieve, coercion to particular activities and school
Absent or negative role model and model for the female role, male role, and/or adult role
Non-control over biological and social functions
Conditions of extinction (few socially satisfying contacts, rivalries, friendship dependent upon physical attractiveness)
Skills lacking for mastering socially frustrating situations and for the establishment of socially satisfying contacts (conditions of reinforcement)

Triggering Situational and Cognitive Features (SD)
Experiences of loss (friends, parents)
Tensions within the family (parents' marriage)
Excessive demands (in the area of achievement and emotionally)
Uprootings (change of residence)
Uncertainties in identity (feeling of inferiority)
Lack of orientation
Ideals of slenderness (peer group)
Feeling of helplessness
Depressive thoughts

Organic Variables (O)
Biological processes of maturation
Development of secondary sexual characteristics
Vegetative lability (hormone balance)

Behavioral level (R/UCR/CR)
Anorexia nervosa
Food refusal
Lack of appetite
Vomiting
Compulsive eating, attacks of eating with subsequent self-induced vomiting
Anxiety
Nervousness
Disgust
Overactivity

Behavioral Consequences (C)
Attainment of the ideal of slenderness (C+)
Caring (C+)
Punishment (disregard excessive critisism) (C−)
Avoidance of pains, nausea (C−)
Avoidance of the unpleasant eating situation (C−)
Absence of punishment (C−)
Control over biological functions (C−)
Control of social situation (C−)

Contingent relationship (CR)
Intermittent reinforcement
Variable schedule of reinforcement

Abbildung 13. HAUTZINGERS (1980, p. 218) Verhaltensanalytisches Bedingungsmodell der Anorexia nervosa.

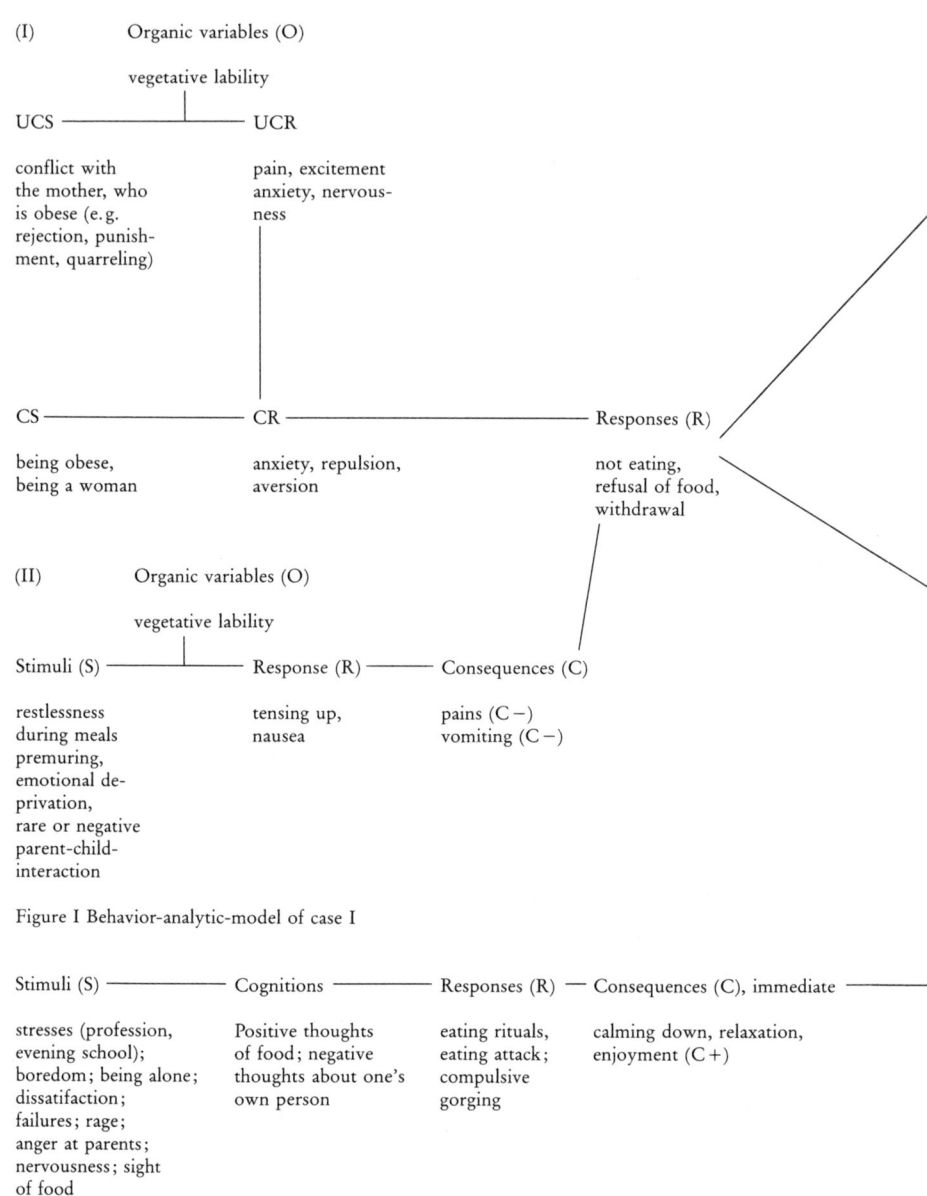

(I) Organic variables (O)

vegetative lability

UCS ——————————— UCR

conflict with   pain, excitement
the mother, who   anxiety, nervous-
is obese (e.g.   ness
rejection, punish-
ment, quarreling)

CS ——————————— CR ——————————————— Responses (R)

being obese,   anxiety, repulsion,   not eating,
being a woman   aversion   refusal of food,
                                                                withdrawal

(II) Organic variables (O)

vegetative lability

Stimuli (S) ——————— Response (R) ——————— Consequences (C)

restlessness   tensing up,   pains (C −)
during meals   nausea   vomiting (C −)
premuring,
emotional de-
privation,
rare or negative
parent-child-
interaction

Figure I Behavior-analytic-model of case I

Stimuli (S) ——————— Cognitions ——————— Responses (R) — Consequences (C), immediate ———

stresses (profession,   Positive thoughts   eating rituals,   calming down, relaxation,
evening school);   of food; negative   eating attack;   enjoyment (C +)
boredom; being alone;   thoughts about one's   compulsive
dissatifaction;   own person   gorging
failures; rage;
anger at parents;
nervousness; sight
of food

Abbildung 14. Verhaltensanalysen von zwei anorektischen Klientinnen (aus: HAUTZINGER 1980, p. 220).

Responses (R) ———	Consequences (C) ———	Responses (R) ———	Consequences (C)
reproaches, pressure from parents	punishment (C−) quarreling (C−) tensing-up (C−)	further avoidance refusal withdrawal	giving in of the parents (C−), discontinuance of the reproaches (C−) caring through attention (C+)

Consequences (C)

avoidance of pains (C−)
avoidance of the unpleasant
eating situation (C−)
avoidance of being obese (C−)
gladness of being thin (C+)
interruption of the feminine
characteristics (breasts, periode) (C−)

——— Consequences (C), delayed (on the cognitive level)	——— Responses (R) ———	Consequences (C), immediate
anticipation of gaining weight; self-reproaches; conception that the food eaten is in the body like pulp. a gluey mass. (C−)	renewed unrest; vomiting (self-induced); washing oneself and putting on fresh clean clothing	peace; relief; boredom interrupted (C+/C−)

HAUTZINGER weist darauf hin, daß stets eine Vielzahl pathogener Variablen in der individuellen Entwicklung einer Anorektikerin in einzigartiger Kombination zusammenwirken. Abbildung 14 der Verhaltensanalysen von zwei anorektischen Klientinnen soll dies verdeutlichen.

Im Anschluß an die Verhaltensanalyse sollte nach HAUTZINGER (1980) die Planung einer individuellen Behandlung mit spezifischen Zielen und Interventionsmaßnahmen erfolgen, die den klientenspezifischen Problemen und Problembedingungen gerecht wird. (In seinem Artikel finden sich Beispiele individueller Behandlungspläne.)

Parallel zur zunehmenden Komplexität verhaltensanalytischer Bedingungsmodelle entwickelten sich die Behandlungsansätze »vom simplen Bissen-für-Bissen Verstärken bis hin zu den hochkomplexen Breitbandansätzen, die ambulante und stationäre, Einzel- und Familientherapie, Beeinflussung des Gewichts und Therapie der übrigen Problembereiche gleichermaßen berücksichtigen« (MEERMANN & VANDEREYCKEN 1981, p. 87).

In der relativ hohen Zahl von Berichten über Verhaltenstherapien von Anorektikerinnen finden sich wenige, in denen Effekte verschiedener Interventionsmaßnahmen systematisch untersucht wurden. Eine Zusammenfassung von Versuchen, durch operante Konditionierungsprogramme die Nahrungsaufnahme von Anorektikerinnen zu modellieren und ihre Gewichtszunahme zu beeinflussen, findet sich bei AGRAS & WERNE (1977).

Da Belohnung und Bestrafung ihres Verhaltens in Kliniken am leichtesten kontrolliert werden kann, wurden Anorektikerinnen stationär behandelt. Sie wurden isoliert, in einem Einzelzimmer untergebracht, das reizarm, ohne Möglichkeiten zu optischer oder akkustischer Stimulation gestaltet war. Sie durften keine Besuche empfangen, und sie wurden zum Teil auch medikamentös, vor allem mit Chlorpromazin, behandelt, so daß ihr Aktivitätsniveau reduziert war. Isolation und Deprivation gilt als Voraussetzung effektiver, verhaltenskontingenter Verstärkung. Abhängig davon, ob Anorektikerinnen das erwünschte Eßverhalten zeigten oder im geforderten Ausmaß an Gewicht zunahmen, wurde die Chlorpromazindosis reduziert, so daß es ihnen möglich war, ihr bevorzugtes hyperaktives Verhalten fortzusetzen (BLINDER, FREEMANN & STUNKARD 1970), es wurde ihnen Aufmerksamkeit geschenkt, sie wurden gelobt, ihnen wurde erlaubt, Ausflüge zu machen und Besuche zu empfangen (BACHRACH, ERWIN & MOHR 1965).

AGRAS et al. (1973) gelang der Nachweis, daß eine Gewichtszunahme oder Erhöhung der Nahrungsaufnahme als Ergebnis eines derartigen Konditionierungsprogrammes nicht allein als Effekt positiver Verstärkung anzusehen ist, sondern als Effekt einer Kombination aus positiver und negativer Verstärkung, wobei die negative Verstärkung in der Aussicht besteht, daß die Chlorpromazindosis bei entsprechendem Verhalten reduziert wird, oder in der Aussicht, aus der Klinik entlassen zu werden. Außerdem stellten AGRAS et al. fest, daß eine Gewichtskontrolle und kontingente Verstärkung bei Anorektikerinnen jeden Tag durchgeführt werden muß, wenn sie zu regelmäßigem Eßverhalten geführt werden sollen, daß Anorektikerinnen mehr Kalorien zu sich nehmen, wenn man ihnen größere Mahlzeiten vorsetzt, und daß eine Verstärkung des gewünschten Verhaltens die Auftretenswahrscheinlichkeit dieses Verhaltens (in diesem Fall der Gewichtszunahme) nur dann erhöht, wenn die Verstärkung mit einer Rückmeldung über das erreichte Gewicht verbunden ist.

Neben den beschriebenen operanten Verstärkungstechniken werden auch Interventionsmaßnahmen eingesetzt, deren Effekte primär auf eine systematische Desensibilisierung der Angst vor Übergwicht oder vor Nahrungsaufnahme oder auf das Lernen am Modell des Therapeuten, der die Mahlzeiten mit der Anorektikerin zusammen einnimmt, zurückzuführen sind. Zum Teil werden die Eltern von Anorektikerinnen als Mediatoren in Behandlungsprogramme einbezogen. Ihre Aufgabe besteht darin, das erwünschte Eßverhalten der Tochter nach den Empfehlungen des Therapeuten zu verstärken.

Vereinzelt werden Methoden der »kognitiven« Verhaltenstherapie, etwa kognitive Restrukturierung, zur Behandlung anorektischer Personen herangezogen. So gab OLLENDICK (1979) einem Anorektiker die Hausaufgabe, Gedanken über sein Gewicht, seine Fähigkeiten, Entschuldigungen für sein Eßverhalten, Gedanken über Standardsituationen, in denen sein Versuch, alternatives Verhalten zu zeigen, fehlschlug, und Gedanken darüber, wie er von Gleichaltrigen wahrgenommen wird, aufzuschreiben. In Therapiesitzungen wurden diese Gedanken von Therapeut und Klient besprochen, analysiert und restrukturiert.

GARNER & BEMIS (1984) entwickelten ein »kognitives« Ätiologiemodell der Anorexia nervosa. Das scheinbar bizarre, irrationale Verhalten von Anorektikerinnen deuten sie als Resultat ihrer Gedanken über die Bedeutung des Körpergewichts. Klientinnen ermutigen sie dazu, über ihre Einstellungen zu sprechen, sie (aus der Perspektive anderer) zu überprüfen, realistische Erwartungen aufzubauen, unangemessene Verhaltensregeln aufzugeben. Durch Modifikation des beobachtbaren Verhaltens versuchen sie, irrationale Einstellungen von Anorektikerinnen, insbesondere ihre negative Selbsteinschätzung, zu verändern. Sie ermuntern Anorektikerinnen dazu, Selbsteinschätzungen, etwa des Körpergewichts, als Teil ihrer Störung zu interpretieren. Sie empfehlen Selbstinstruktionen zur Verhaltenssteuerung. Sie schlagen vor, über soziokulturelle Schönheitsideale zu sprechen. Und sie vermuten, daß das mangelnde Selbstwertgefühl von Anorektikerinnen durch Vertiefung und Veränderung ihrer Selbstwahrnehmung abgebaut werden kann, weisen aber gleichzeitig darauf hin, daß ihre Annahmen einer systematischen empirischen Überprüfung bedürfen.

Weitere verhaltenstherapeutische Techniken, die darauf ausgerichtet sind, das Eßverhalten anorektischer Klientinnen zu beeinflussen, stellen MEERMANN & VANDEREYCKEN (1981) vor.

HOFNER (1978, p. 77) schildert folgenden Ablauf einer teils stationär, teils ambulant durchgeführten Verhaltenstherapie:

> »– Hospitalisierung (Trennung der Patientin vom Elternhaus und Umgebung)
> – Beobachtungsphase mit normaler Krankenhausbehandlung [...]
> – strenge Isolierung in einem kahlen Raum (mit Einwegscheibe). Ausschaltung aller nichtkontrollierbaren sozialen Kontakte [...]
> – vollständige Kontrolle von Ein- und Ausfuhr
> – positive Verstärkung der Eßsituation durch die Gegenwart des Therapeuten [...]
> – Vermeidung von tiefenpsychologisch orientierten Themen und den Themen Essen und Gewicht.
> – Imitationslernen durch das Eßverhalten des Therapeuten.
> – Münz- oder Punkteverstärkungssystem: belohnt wird die zugeführte Nahrungsmenge und der tägliche oder wöchentliche Gewichtsanstieg [...], später die Erhaltung des Sollgewichts. [...]
> – freie Nahrungswahl [...]
> – Shaping: das neu aufgebaute Verhaltensmuster des »Gut-Essens« wird an die normale Umwelt angepaßt. [...]
> – Elterngespräch: Hinweis an die Eltern, die Situation bei den Mahlzeiten soweit als möglich den therapeutischen Mahlzeiten anzupassen; Diät-Informationen. [...]
> – Aufstellung eines Verstärkersystems zur Aufrechterhaltung des Gewichts auch zuhause.«

MINUCHIN, ROSMAN & BAKER (1981, p. 139f) schlagen bei stationärer Behandlung der Anorexia nervosa mit dem Ziel der Gewichtsrestitution folgende Verhaltenskonsequenzen vor:

> »*Verhaltensvorschriften für die Dauer des Krankenhausaufenthaltes des anorektischen Patienten*
> Gewichtszunahme von 200 g oder mehr – Aufstehen nach Belieben
> 1. Patient darf sich auf der ganzen Station aufhalten, in der Halle telefonieren, zusammen mit den Eltern oder einer Schwester bis ins Erdgeschoß gehen
> 2. Patient darf das Krankenhaus nur dann zum Essen verlassen, wenn die Gewichtszunahme progressiv ist und er (sie) einen stabilen Eindruck macht
> Gewichtszunahme von 100 g – Bettruhe, Gang auf die Toilette ist gestattet

1. Darf Telefongespräche annehmen, aber nicht von sich aus führen
2. Darf Besucher empfangen
3. Darf fernsehen, Post erhalten, sich im Bett selbst waschen
Keine Gewichtszunahme bzw. Gewichtsverlust – Bettruhe, Gang auf die Toilette ist nicht gestattet
1. Keine Telefongespräche, Patient erfährt aber, wer angerufen hat
2. Darf Besucher empfangen
3. Darf fernsehen, Post empfangen, sich im Bett selbst waschen
Gewichtsverlust von 100 g – Bettruhe, Gang auf die Toilette ist nicht gestattet
1. Keine Telefongespräche, Patient erfährt aber, wer angerufen hat
2. Keine Besucher
3. Darf fernsehen, Post empfangen, sich im Bett selbst waschen
Gewichtsverlust von 200 g – Bettruhe, Gang auf die Toilette ist nicht gestattet
1. Keine Telefongespräche
2. Keine Besucher
3. Kein Fernsehen
4. Darf Post empfangen, sich im Bett selber waschen
Gewichtsverlust von 300 g – Strikte Bettruhe
1. Keine Telefongespräche
2. Keine Besucher
3. Kein Fernsehen, keine Post, kein selbständiges Waschen
4. Darf lediglich essen«
(Die angegebenen Daten beziehen sich auf die Normwerte täglicher Gewichtszunahme.)

FICHTER (1981) weist darauf hin, daß kontingente Verstärkerprogramme, wie sie in der stationären Behandlung von Anorektikerinnen eingesetzt werden, zwar dazu geeignet sind, eine kurzfristige physische Restitution der Klientinnen zu erzielen, daß die Höhe ihres Gewichts zum Zeitpunkt ihrer Entlassung aus der stationären Behandlung jedoch nicht der Prognose ihrer langfristigen Entwicklung zugrunde gelegt werden kann. Zur Erzielung dauerhafter Verhaltens- und Einstellungsänderungen machen FICHTER (1981) und MEERMANN & VANDEREYCKEN (1981) eine Reihe von Vorschlägen, die ich im folgenden zusammenfasse.

MEERMANN & VANDEREYCKEN schlagen vor, in der Anorexie-Behandlung zwei Teilziele zu unterscheiden. Das erste Teilziel besteht in der Erhöhung und Stabilisierung des Körpergewichts der Anorektikerinnen. Für dessen Wahl führen sie folgende Argumente an: »vitale Indikation bei einigen Patienten, als akute Krisenintervention, hohe Mortalität bei unbehandeltem Verlauf, besserer psychotherapeutischer Zugang und in der Regel Verbesserung der Affektivität bei ansteigendem Körpergewicht« (p. 102). Das zweite Teilziel »stellt die Bearbeitung der übrigen Problembereiche der Patienten dar: emotionale und soziale Schwierigkeiten (familiär und außerfamiliär), das Gefühl der Ineffektivität, Störungen des Körperschemas und der Wahrnehmung interoceptiver Reize« (p. 103). Auch hier sollen disfunktionale Verhaltensmuster verändert werden.

Sowohl MEERMANN & VANDEREYCKEN als auch FICHTER nennen verschiedene therapeutische Mittel, mit deren Hilfe eine Erhöhung und langfristige Stabilisierung des Körpergewichts erreicht werden soll: operante Konditionierungsprogramme, in denen der Gewichtszuwachs von Anorektikerinnen verstärkt wird und in denen es den Klientinnen selbst überlassen bleibt, darüber zu entscheiden, wann, was und wie sie essen. Durch aktive Teilnahme der Klientinnen an der Gestaltung des Behandlungsprogrammes und der Festsetzung der Therapieziele soll ihnen die Attribution positiver Veränderungen auf ihre eigene Anstrengung erleichtert und ihre Selbsthilfekompetenz erhöht werden.

Die Vereinbarung von Kontingenzkontrakten, in denen festgelegt wird, welche Fortschritte der Klientinnen zu welchem Zeitpunkt wie belohnt werden, soll ihnen das kontinuierliche Anstreben langfristiger Ziele erleichtern. Voraussetzung für den Erfolg eines derartigen Kontraktes ist die Konsistenz des gesamten therapeutischen Teams in der Verfolgung dieses Plans.

Außerdem sollen Anorektikerinnen ständig über ihren Gewichtsverlauf informiert werden, was beispielsweise erreicht wird, wenn ihr Gewicht täglich in einer Gewichtskurve in ihrem Zimmer vermerkt wird.

Hat eine Klientin ein angemessenes Gewicht erreicht, sollten auch ihre übrigen Probleme bearbeitet werden. Nach Beobachtungen von MEERMANN & VANDEREYCKEN (1981) scheinen sich hier die Kombination von stationärer und ambulanter Therapie, von verhaltenstherapeutischen und anderen therapeutischen Maßnahmen und die Einbeziehung aller Familienangehörigen in die Therapie besonders günstig auszuwirken. Dem zweiten Teil der Behandlung sollte eine »Breitspektrumsverhaltensanalyse« des Problemverhaltens vorausgehen, in die alle für die Klientin relevanten psychosozialen Variablen einbezogen sind. Hier könnte HAUTZINGERS (1980) Bedingungsmodell als Explorationsschema verwandt werden.

Um möglichst hohe Generalisationseffekte stationärer Behandlungsmaßnahmen zu erzielen und möglichst langfristige Veränderungen herbeizuführen, müssen laut FICHTER (1981, p. 250) folgende Prinzipien beachtet werden:

»Basierend auf der Analyse des häuslichen Milieus der Patienten sollten *relevante Zielverhaltensweisen* ausgewählt werden, welche auf andere Verhaltensweisen generalisieren und auch in dem häuslichen Milieu nach Entlassung verstärkt werden können.

[...] Um Elemente der Kliniksituation in das häusliche Milieu zu übertragen, sollten Patienten und *Bezugspersonen* darin ausgebildet werden, einfache verhaltenstherapeutische Verfahren unter Supervision des Therapeuten selbst einsetzen zu können.

[...] Als ein weiterer und alternativer Weg, um den Transfer von Elementen der Kliniktherapie auf außerklinische Bereiche zu erleichtern, können die Patienten die Anwendung von *Selbstkontrollstrategien* erlernen [die Selbstbeobachtung, zum Beispiel anhand der Gewichtskurve, und Selbstverstärkung anhand eines vorher festzusetzenden Verstärkerplans implizieren können].

[...] Die Klinikbehandlung sollte langsam ausgeblendet werden, um dem Patienten Gelegenheit zu geben, sich zu Hause oder im Internat, in Schule oder bei der Arbeit einzugewöhnen.«

Wie MEERMANN & VANDEREYCKEN schlägt FICHTER die Integration familientherapeutischer Konzepte in die Verhaltenstherapie der Anorexia nervosa vor. MINUCHIN und seinen Mitarbeitern wird als Verdienst zugeschrieben, das erste Behandlungsmodell entworfen und erprobt zu haben, in dem verhaltenstherapeutische Maßnahmen zur Gewichtsrestitution der Anorektikerin mit einem familientherapeutischen Ansatz kombiniert sind. Es wird später vorgestellt. Um Integration klienten- und systemzentrierter Maßnahmen bemühen sich auch PETZOLD (1979), die Mitarbeiter der Psychosomatischen Klinik in Windach (BRINKMANN et al. 1981; NAUJOKS et al. 1981) oder SCHÜTZE (1980).

Laut FICHTER (1981, p. 239) ergibt ein Vergleich vorliegender katamnestischer Untersuchungen an verhaltenstherapeutisch behandelten Anorektikerinnen, denen unterschiedliche diagnostische Kriterien zugrunde liegen, »daß zwischen 5% und 21,5% der Patienten in relativ jungen Jahren an direkten oder indirekten Folgen ihrer Erkrankung sterben und es bei vielen Patienten zu Rückfällen oder zur Chronifizierung kommt.«

Vor allem wenn sich die Anorektikerin als »Opfer« des Therapieprogramms fühlt (vgl. BRUCH 1974), ist die Gefahr eines Rückfalls – auch mit tödlichem Ausgang – nach Abschluß der Behandlung sehr hoch.

4.3.2 Diskussion

Durch Gleichsetzung von Symptom und Störung vermeiden Verhaltenstherapeuten die künstliche Unterscheidung verschiedener Störungsklassen aufgrund schulenspezifischer Ätiologietheorien.

Da sie ja beinhalten, daß das Lernen und Verlernen funktionalen und disfunktionalen Verhaltens den gleichen Gesetzmäßigkeiten folgt, können Verhaltensanalyse und Planung der verhaltenstherapeutischen Intervention in einem »idealen logischen Konsistenzverhältnis« stehen (BEK-KER et al. 1977).

Verhaltenstherapeutische Ansätze, vor allem solche, die das beobacht-bare, ungewöhnliche Verhalten von Anorektikerinnen als Problem vor-aussetzen, indem sie sich auf die Therapie des Eßverhaltens mit dem Ziel der Gewichtsrestitution beschränken, bestechen auf den ersten Blick durch ihre Einfachheit.

Bezeichnungen wie »Eßstörung« oder »Gewichtsphobie« kennzeich-nen eine gefährliche Tendenz, aus der Vielzahl von Symptomen, die Anorexia nervosa charakterisieren, für den Beobachter offensichtliche, somatische und behaviorale Phänomene herauszustellen und emotionale und kognitive Faktoren zu vernachlässigen.

Es liegt im Ermessen des Verhaltenstherapeuten, ist auch von seinen persönlichen Kompetenzen abhängig, wie sorgfältig und differenziert eine Verhaltensanalyse durchgeführt wird und welchen Zeitraum sie umfaßt. Bedingungsmodellen der Anorexia nervosa kommt nur heuristi-sche Funktion zu, in der Regel wird für jede Klientin eine individuelle Problem- und Bedingungsanalyse erstellt. So hat ein spezifischer Thera-peut einerseits die Chance, sich in seinem Handeln auf eine spezifische Klientin einzustellen, die spezifischen Bedingungen ihres individuellen Handelns zu erforschen und daraus spezifische Therapieziele und Inter-ventionsstrategien abzuleiten; andererseits hängt es von seiner Haltung, zum Beispiel von seinem persönlichen Engagement, von seiner Kenntnis ätiologischer Theorien und seinen psychologischen Fertigkeiten ab, wie sorgfältig und differenziert er die spezifischen Bedingungen ihres indivi-duellen Verhaltens erfaßt. Entsprechend groß ist sein Einfluß auf die Auswahl der Therapieziele, die in der Veränderung anorektischer Sym-ptome oder ihrer Bedingungen oder von Symptomen und Bedingungen bestehen können, und die Auswahl therapeutischer Strategien, die durch seine Handlungsmittel und sein Handlungswissen begrenzt ist (vgl. LOH-MANN 1980).

Grundsätzlich bieten verhaltenstherapeutische Ansätze die Möglich-keit, Entwicklung und Verlauf der Anorexia nervosa unter dem Einfluß der Umweltbedingungen zu sehen, denen Anorektikerinnen ausgesetzt sind. Umwelt wird jedoch gleichgesetzt mit Familie oder einem Kreis relevanter Bezugspersonen, gesamtgesellschaftliche Bedingungsfaktoren dieser Störung werden nicht berücksichtigt. Auf dem Hintergrund der pragmatischen Ausrichtung der Verhaltensanalyse auf die Indikations-stellung und Beseitigung symptomatischen, »disfunktionalen« Verhal-tens ist dies verständlich.

Aber auch die Verhaltensetikettierung als »disfunktional« resultiert aus gesellschaftlichen Verhaltenserwartungen. KEUPP (1974, p. 127) meint:

»Verhaltensstörungen können [...] erst im Vergleich mit einem sozial gesetzten Maßstab als solche identifiziert werden. Es gibt also keine dem Verhalten selbst inhärenten Qualitäten wie ›normal‹ oder ›abnormal‹, die eindeutig voneinander abgehoben werden können. Verhalten, das – losgelöst von der individuellen Lebensgeschichte und dem individuellen Lebenszusammenhang – abnorm oder gestört zu sein scheint, könnte in Wirklichkeit die einzig adäquate Reaktion eines ›normalen‹ Individuums auf eine ›abnorme‹ Umwelt sein. Es wäre nicht mehr unangepaßt sondern durchaus funktional, unter Umständen nicht nur Reaktion sondern auch Aktion, im Sinn des (potentiell) bewußten Versuchs, Einfluß auf Umweltbedingungen zu nehmen.«

Vertreter psychoanalytischer, familientherapeutischer und anderer Ansätze werfen Verhaltenstherapeuten vor, daß sie voreilig die Problembestimmung »Eß-« oder »Gewichtsphobie«, die in der Regel die Eltern von Anorektikerinnen vornehmen, akzeptieren und als Konsequenz Verhaltensanalyse, Intervention und Evaluation ihres therapeutischen Handelns so gestalten, als ob es sich bei Anorexia nervosa nur um eine Störung des Eßverhaltens der »identifizierten Patientin« handeln würde – ein Eindruck, der sich bei der Verhaltensbeobachtung in der sterilen Atmosphäre einer Klinik ohne Einbezug anderer Familienmitglieder scheinbar bestätigt. Verhaltenstherapie mag zielgerichtet, detailliert und logisch konsistent geplant sein, Ziele mögen konkret formuliert, Interventionsschritte mögen sensibel auf interindividuelle Unterschiede und intraindividuelle Veränderungen abgestimmt sein, Verhaltensbedingungen mögen in der Verhaltensanalyse differenziert erfaßt sein, Interventionsschritte mögen konsequent durchgeführt und »objektiv« evaluiert werden, Erfolge mögen meßbar und intersubjektiv überprüfbar sein – Ausgangspunkt ist die fragwürdige Prämisse, daß der »Familienmythos: ›Es ist ein Eßproblem‹, ansonsten ist die Familie normal und glücklich« (HOFNER 1978, p. 82) das zu behandelnde Problem befriedigend charakterisiere.

Der Vorwurf gegenüber traditionellen verhaltenstherapeutischen Ansätzen, sie seien in ihren ätiologischen Annahmen ahistorisch, in ihrem Menschenbild reduktionistisch, da sie sich auf beobachtbares Verhalten beschränken, und in ihrer Absicht manipulatorisch (BAADE et al. 1982⁴), trifft auch auf einen Teil der Ansätze zur Bestimmung, Erklärung und Behandlung der Anorexia nervosa zu.

Laut BEMIS (1978, p. 602) galt Verhaltenstherapie von Anorektikerinnen in den sechziger Jahren als »Prototyp effektiver operanter Therapie«. In der Folgezeit wurde sie jedoch auch von ihren eigenen Vertretern zunehmend kritischer betrachtet. 1979 kam LAMBERT (p. 100) zu dem Schluß:

»The behavioral literature is characterized by single case studies, an emphasis on weight gain to the exclusion of other criteria of improvement, and a generally simplicistic approach to the whole problem. If there is an area where behavior therapy appears exclusively shallow, this is it. The complete disregard of the rights of the patients in some treatment designs is disheartening.«

Obwohl auch Untersuchungen zur Effizienz verhaltenstherapeutischer Maßnahmen vorzuwerfen ist, daß häufig nicht deutlich wird, worauf sich die Diagnose »Anorexia nervosa« stützt, daß sie sich auf kleine Stichproben beziehen, deren Repräsentativität zweifelhaft ist, daß Versuchsleitereffekte nicht auszuschließen sind, daß der Einfluß verhaltenstherapeutischer Maßnahmen nicht klar vom Einfluß gleichzeitig eingesetzter somatotherapeutischer Maßnahmen, vor allem der Vergabe von Medikamenten, unterschieden werden kann, gilt die »kurzfristige Effizienz kontingenter Verstärkerprogramme zur physischen Restitution [...] als weitgehend gesichert« (FICHTER 1981, p. 250). Das behavioristische Paradigma, in dem die Determinierung des Verhaltens durch Umweltbedingungen und die Möglichkeit der Verhaltensmanipulation durch Manipulation der Umweltbedingungen postuliert werden, scheint bestätigt. Allerdings sind sich Verhaltenstherapeuten heute darüber im klaren, daß das Entlassungsgewicht anorektischer Klientinnen, die mit stationär durchgeführten kontingenten Verstärkungsprogrammen behandelt wurden, keinen prognostischen Wert hat (vgl. BHANJI & THOMPSON 1974), und daß dies nicht nur darauf zurückzuführen ist, daß die Kontingenzen des erwünschten Verhaltens außerhalb der Klinik schwerer zu kontrollieren und zu manipulieren sind.

Vielmehr ist zu kritisieren, daß wesentliche Verhaltensvariablen, Emotionen und Kognitionen, Selbstzweifel, ambivalente Gefühle der Anorektikerinnen gegenüber ihren Müttern und ihre ambivalente Einstellung zu ihrer Geschlechtsidentität, und deren Bedingungen, Familienstrukturen und Arten familiärer Interaktion, bei einer Therapie, die sich lediglich auf die Modifikation des Eßverhaltens konzentriert, unberücksichtigt bleiben.

BLINDER et al. (1970, p. 1096f) verweisen darauf, daß der Nutzen operanter Konditionierungsprogramme aufgrund ihrer Nebenwirkungen sehr begrenzt ist:

»The power of the operant treatment method requires caution in its application. Reports of behavioral techniques have rarely mentioned adverse consequences or risks [...]. With this technique weight gain can occur dissociated from improvement in other areas [...]. The rapidity of weight gain decreases the usefulness of weight as an index of the patient's progress in other areas.«

Heute stimmen auch Vertreter verhaltenstherapeutischer Ansätze mit BRUCH (1974) darin überein, daß gerade die Effizienz operanter Konditionierungsprogramme, welche in einer von der Klientin erzwungenen Gewichtszunahme bestehen kann, geeignet ist, grundlegende Probleme von Anorektikerinnen noch zu verstärken. Denn die anfängliche Wirksamkeit dieser Programme vermittelt Anorektikerinnen leicht das Gefühl, man habe sie mit einem Trick nun endgültig dazu gebracht, die Kontrolle über ihren Körper und ihr Leben aus der Hand zu geben.

Vermutlich ist LAESSLES (1982) Klientin, an der er nach Beginn eines stationär durchgeführten operanten Konditionierungsprogramms beobachtete, daß die in der ANIS-Skala »Überforderung« thematisierten Gefühle der Hilflosigkeit, Anspannung, inneren Unruhe und Einengung durch äußere Anforderungen ebenso zunahmen wie die in der Skala »Anankasmus« gemessene Zwanghaftigkeit, daß die Klientin krampfhaft an anorektischen Verhaltensweisen festhielt, und daß ihre externale Kontrollüberzeugung am Ende ihrer Therapie noch stärker war als zu Beginn, kein Einzelfall.

MORGAN & RUSSEL (1975) berichten, daß mit einem »Nursing-care«-Programm bei 38 Anorektikerinnen und 3 Anorektikern eine rasche Gewichtszunahme erzielt werden konnte und daß viele ein normales Körpergewicht erreichten, daß aber am Ende ihres Klinikaufenthalts noch 41% der Klienten Widerstände gegen eine Nahrungsaufnahme zeigten, und daß die Hälfte der Klienten wieder in die Klinik aufgenommen werden mußte.

SPERLING (1978) spekuliert, daß dann, wenn Klientinnen ihre anorektischen Symptome aufgeben, andere, neurotische, psychosomatische oder psychotische Symptome an deren Stelle treten. Naheliegend ist zum Beispiel BEMIS' (1978) Vermutung, daß die Verstärkung des Über-Essens, welche in vielen operanten Konditonierungsprogrammen eingesetzt wird, die Weiterentwicklung bereits bestehender bulimischer Tendenzen dieser Klientinnen fördern könnte. Auch somatische Komplikationen, etwa eine akute Ausweitung des Magens, sind nicht auszuschließen.

Aufschluß über Wirkungen und Nebenwirkungen verhaltenstherapeutischer Maßnahmen aus der Sicht der Anorektikerinnen selbst gibt eine Befragung von NAUJOKS et al. (1981) bei Klientinnen, welche sich einer stationären, vorwiegend verhaltenstherapeutischen Behandlung unterzogen. Die Befragung fand durchschnittlich 17 Monate nach ihrer Entlassung aus der Klinik statt und zwar mit Hilfe eines Fragebogens oder eines Interviews. NAUJOKS et al. (p. 226–228) stellten Antworten auf die Fragen: »Was hat in der Therapie geholfen?« und »Was wurde als hemmend erlebt?« zusammen:

geholfen haben:

»*1. Konkrete therapeutische Maßnahmen* (Häufigkeit in Klammern)
a) Einzelgespräche (16mal explizit darauf bezogen):
Gute Beziehung zum Therapeuten:
Offene Aussprachen (2mal); Vertrauen zum Therapeuten (2mal) und des Therapeuten in mich (2mal); mit allen Problemen ernst genommen und akzeptiert worden (2mal); Co-Therapeuten, die immer Zeit für mich hatten; Betonung der Eigenverantwortung (statt Kontrolle) im Gegensatz zur Situation zu Hause, wodurch ich mich freier, erwachsener und eigenverantwortlicher fühlte bzw. dadurch wirkte erst die externe Kontrolle (4mal).
Kognitive Aspekte (6mal):
Erklärungen und anwendbare lerntheoretische Konzepte; wichtige Erkenntnisse; Probleme, Zusammenhänge und Alternativen bewußt geworden; konkrete Instruktionen.
Konsequenzen erfahren (8mal):
Konsequenzen für eigenes Handeln voll übernehmen müssen, dadurch freier und erwachsener gefühlt; seine Konsequenz (auch Strenge) – z. T., obwohl zunächst wütend darüber; auch Vertrag und Kontrolle durch die Isolation im nachhinein als sehr positiv erlebt, so konnte ich lernen: Ich kann selbstverantwortlich handeln, muß aber auch die Konsequenz tragen.
b) Gruppentherapien (insgesamt 23mal):
Selbstsicherheitstraining (6mal) – teilweise erst im nachhinein gewirkt bzw. als wirksam erkannt; Patientengruppe (4mal): Vermeidungsverhalten abgebaut und erlebt, daß nichts passiert, außerdem mich in Problemen anderer erkannt. Anorexiegruppe (2mal): Gefühle und Wünsche erkennen und ausdrücken gelernt, als hilfreich erlebt, daß die anderen die gleichen Probleme hatten; Emotionsgruppe (2mal); Gefühle wahrnehmen und ausdrücken gelernt; Frauengruppe (2mal): Meinen Körper fühlen und akzeptieren gelernt; Ergotherapeutische Gruppen (Keramik, Material, Wahrnehmung und Tanz – 4mal): Eigenen Körper kennen und akzeptieren gelernt, kooperatives Verhalten, bessere Gefühlswahrnehmung. Gruppenkonflikte lösen gelernt.
c) Sonstige:
Familientherapie (2mal): Z. B. offene Mitteilung von Gefühlen und Meinungen, Bewußtwerden eigener negativer Verhaltensweisen durch Feedback; Körpertherapie (1mal).

2. ›Nichttherapeutische‹ Faktoren
a) Kontakt zu Mitpatienten (insgesamt 12mal), z. B.:
Aufbau intensiver Zweierbeziehungen: Beste Freundin hier gefunden (2mal); intensive Zweierbeziehung zu einem Mitpatienten hier begonnen (2mal).
Allgemein wichtige Erfahrungen im Kontakt mit Mitpatienten (8mal); Offene Gespräche; Erfahrungsaustausch bezüglich gemeinsamer Probleme; Anerkennung: Akzeptierung: mal Probleme anderer sehen und dadurch vom eigenen wegkommen.

b) Die Atmosphäre in der Klinik (3mal):
Kein Krankenhaus; persönliche Atmosphäre; normale Kleidung (Jeans).

3. ›Ich selber‹ (3mal):
Intensive Beschäftigung mit mir selbst; erkannt, daß nur ich selbst mir helfen kann; erkannt, daß ich mir selbst meine Probleme mache.«

als hemmend wurden erlebt:

»*1. Konkrete therapeutische Maßnahmen*
a) Einzeltherapie:
Beziehung zum Therapeuten (21mal explizit auf den Einzeltherapeuten bezogen):
Zuviel Distanz (als Lehrer empfunden); zu wenig Vertrauen (Lügen aus Angst vor Bestrafung) nicht als Individuum verstanden worden – zu schematisch behandelt, fühlte mich in Schablone ›Magersucht‹ gepreßt (4mal); zu wenig Zeit (8mal) und Geduld, konnte nicht über das sprechen, was mir wichtig war, als Mensch nicht wichtig genommen; fühlte mich ignoriert, empfand Mißtrauen (2mal); Bevormundung (wie zu Hause) und zu wenig Information, deshalb als blöde hingestellt gefühlt (3mal); Zwang statt Einsicht (8mal).
Konsequenzen erfahren (12mal):
Einerseits zu wenig Eigenverantwortung – zu viel Kontrolle, Leistungs-/ Belohnungsschema als hemmend erlebt (8mal). Andererseits Therapie zu wenig konsequent – Belohnung kam zu spät, Kontrolle zu wenig streng, konnte zu viel ›tricksen‹ (4mal).
b) Gruppentherapie (insgesamt 5mal):
Selbstsicherheitstraining: Zu schematisch; Anorexiegruppe: Zu wenig Körperwahrnehmung und Thema Sexualität; Patientengruppe: Themenwiederholungen; Ergotherapie: Zu Wenig Techniken.
c) Sonstige (3mal):
Zu wenig eigentliche (innere) Ursachen behandelt – es fehlen Familientherapie, Körperarbeit, psychoanalytische Deutungen.

2. ›Nichttherapeutische‹ Faktoren
a) Kontakte zu Mitpatienten (6mal):
Anblick anderer Anorektikerinnen (verkrüppelte oder dünnere); Probleme mit Zimmergenossen (mit zu schwerem Fall im Zimmer); Mundpropaganda von Tricks.
b) Setting in der Klinik (6mal):
Am Wochenende zu wenig Freizeitangebot, Langeweile (2mal); zu viel Bürokratie bezüglich Medikamenten (1mal); zu gutes Kaltes Buffet (1mal); zu große Diskrepanz zwischen Außenwelt und ›heiler Welt‹ in der Klinik (2mal).«

Durch die Veränderung ihrer Umweltbedingungen, zum Beispiel durch Isolation, durch das planmäßige Verhalten von Eltern, Klinikper-

sonal oder Therapeuten, werden Verhaltensänderungen bei Anorektikerinnen erzielt, die sowohl in einer (meist kurzfristigen, äußerlichen)
Anpassung an Erwartungen relevanter Bezugspersonen als auch in einer
fortgesetzten Verweigerung dieser Anpassung bestehen können (HOFNER
1978).

NAUJOKS et al. (1981, p. 232) folgern aus den Antworten auf ihre
Befragung, daß es sich hemmend auf die Entwicklung von Anorektikerinnen auswirken kann,

> »wenn therapeutische Interventionen als Zwang (statt Einsicht und Eigenver-
> antwortung fördernd) bzw. als innere Ursachen vernachlässigend empfunden
> werden. Problematisch ist ebenfalls, wenn die Diskrepanz zwischen Klinik
> und Alltagswelt als zu groß empfunden wird.«

Ihre Ergebnisse zeigen, daß verhaltenstherapeutische Maßnahmen
nicht per se gefährlich oder ungefährlich, wirksam oder unwirksam sind,
sondern daß sie vielmehr bei verschiedenen Klientinnen unterschiedliche
Wirkungen erzielen – in Abhängigkeit von Klienten- und Therapeuten-
merkmalen und Merkmalen der therapeutischen Beziehung. Es ist zu
vermuten, daß die Art und Weise, wie Anorektikerinnen auf verhaltenstherapeutische Maßnahmen reagieren, sehr stark davon abhängt, ob sie
selbst mit den Zielen dieser Maßnahmen übereinstimmen, an deren
Planung beteiligt waren und ihre Wirkungsweise verstehen.

Ist ein Behandlungsprogramm lediglich darauf ausgerichtet, das Verhalten der Anorektikerin und ihren Körper zu »kontrollieren«, wobei die
Kontrolle nicht allein vom Therapeuten ausgehen muß, sondern auch von
den Eltern als Mediatoren ausgehen kann, drängt sich der Klientin leicht
der Eindruck auf, daß

> »nur ihr Verhalten, nicht aber ihre Gefühle und Motivationen gefragt sind (›Für
> das, was in mir vorgeht, interessiert sich keiner!‹);
> – das Leben dazu da ist, Erwartungen zu erfüllen (›Sie mögen mich nur, wenn
> ich brav bin!‹);
> – man Angst haben muß, Fehler zu machen (›Wenn ich nicht lieb bin,
> ignorieren [= löschen] sie mich!‹)
> – Spontanautonomie gefährlich ist (›Wenn ich vor lauter Lust am Leben
> Unsinn mache, mögen sie mich nicht!‹) und
> – Protest und Widerstand zwecklos sind (›Wenn ich rumtobe, sprechen sie
> nicht mehr mit mir!‹)« (DINSLAGE 1982, p. 32f).

Dieser Eindruck entspricht ihren bisherigen Erfahrungen in ihrer
Familie, von denen Familientherapeuten annehmen, daß sie die Entwicklung und Aufrechterhaltung der Anorexie fördern. Handelt der Therapeut tatsächlich als »Verbündeter« der anderen Familienmitglieder,

indem er sich nur für eine Veränderung des scheinbar unverständlichen beobachtbaren Verhaltens der Anorektikerin interessiert, ohne mögliche »tiefere« Ursachen zu explorieren? Gibt er Therapieziele vor, ohne die Anorektikerin nach ihrer Problemsicht und ihren Zielvorstellungen zu befragen? Setzt er Interventionsmaßnahmen ein, die die externe Kontrollüberzeugung der Patientin noch verstärken, anstatt mit ihr herauszufinden, wie sie ihre vorhandenen Kompetenzen einsetzen könnte, beziehungsweise, wie sie sich zusätzliche Kompetenzen aneignen könnte, um langfristig erfolgreich Einfluß auf ihre Umwelt zu nehmen? Wenn all das so ist, droht sich der »Kampf um Macht und Kontrolle«, den die Anorektikerin bisher mit ihren Eltern ausgefochten hat (vgl. HAUTZINGER 1980), zu wiederholen.

Boykottiert eine Klientin ein Gewichtsrestitutionsprogramm, empfinden Therapeut und Klinikpersonal möglicherweise ähnlich wie die Eltern Ärger oder Enttäuschung über ihr Verhalten, was sie vermutlich nicht direkt ausdrücken werden, da die dadurch gewährte Aufmerksamkeit das unerwünschte Verhalten aus behavioristischer Sicht verstärkt. Sie »verdecken« den zwischen ihnen und der Anorektikerin schwelenden Konflikt, was in fataler Weise an Interaktionsmuster von Familien mit einem anorektischen Mitglied erinnert, wie sie Vertreter familientherapeutischer Ansätze für die Entwicklung und Aufrechterhaltung der Anorexia nervosa verantwortlich machen. Treffen deren Annahmen zu, würde der Therapeut das Verhalten der Anorektikerin verstärken, indem er versucht, es zu »löschen«. Indem eine Klientin (ohne ihr Einverständnis) sozial isoliert und ihr Verhalten beobachtet und kontrolliert wird, gerät sie in starke Abhängigkeit vom Therapeuten, der die Verantwortung für die Anorektikerin übernimmt und dadurch an die Stelle ihrer »überfürsorglichen« Mutter tritt.

> »Aus psychodynamischer und familiendynamischer Sicht besteht also bei VT die Gefahr, daß sie genau die gleiche fatale Situation, aus der heraus die Patientin zu so selbstzerstörerischen Maßnahmen wie der Nahrungsverweigerung gegriffen hat, wiederholt: Abhängigkeit, Kontrolle, die Forderung, sich anzupassen und das Verbot, Gefühle wie Ärger und Wut offen zu zeigen« (HOFNER 1978, p. 83).

Welche Alternativen zur traditionellen Verhaltenstherapie denkbar sind und wie wenig diese ausschließlich auf das Verhalten der Anorektikerin und dessen Änderung ausgerichtet sein müssen, wird aus GUTEZEITS (1981, p. 97 f) Bericht über sein therapeutisches Vorgehen deutlich:

> »Unser Vorgehen war zunächst vorwiegend verhaltenstherapeutisch orientiert und auf Gewichtszunahme gerichtet. Bald wurde erkannt, daß psychothera-

peutische Gespräche über die Probleme der pubertierenden Mädchen unter Hinlenkung zu selbständiger Ziel-, Aufgaben- und Rollengestaltung mit Modifikation des vor allem oft unsicheren und zwanghaften Verhaltens die verhaltenstherapeutischen Methoden ergänzen mußte. [...]

Viele Gespräche und Übungen mit den Eltern dienten der Aufhebung des eingeschliffenen elterlichen Eßkontrollzwanges. [...] Der Vater wurde wieder mehr in den Familienalltag einbezogen, und den Müttern [wurden] Wege zu außerfamiliärer, sie befriedigender Aktivität gezeigt. Soziale Aktivitäten wurden eingeleitet und unterstützt und Freundinnen und Lehrer dabei mitangesprochen.«

Anstatt das zu behandelnde Problem einer Klientin vorschnell (allein) in ihrem augenfällig gestörten Eßverhalten zu sehen, sollten Verhaltenstherapeuten zunächst mit der Klientin eine umfassende Problemanalyse vornehmen. Dies wird nur gelingen, wenn der Therapeut Anorexia nervosa nicht nur als Reaktion wahrnimmt, sondern auch ihren Aktionscharakter untersucht, die Möglichkeit in Betracht zieht, daß anorektische Symptome Signalfunktion haben, also durchaus zielgerichtet sind, und wenn er nicht selbstverständlich davon ausgeht, daß der »Sitz« dieser Störung im Individuum liegt, sondern auch in Erwägung zieht, daß dieses Individuum Teil eines kranken Gesellschafts- und Familiensystems sein könnte, innerhalb dessen anorektische Symptome eine optimale Anpassung garantieren.

VORDERBRÜGGE & GROTH (1981) erklären das Verhalten von Anorektikerinnen anhand der Lerntheorie aus der gesellschaftlichen Situation von Frauen und zeigen auf, daß das in unserer Gesellschaft propagierte Schlankheitsideal die Entwicklung anorektischen Verhaltens verstärkt. HOFNER (1978, p. 66) sieht in Anorexia nervosa »keine Phobie [...] sondern eine Reduktion bzw. laut SELVINI PALAZZOLI (1978) eine aktive Übersetzung der generell Angst produzierenden Situationen (sexuelle Beziehung, stabile Liebesbeziehung, Reise-, Lebensangst, generelle Unsicherheit) zur konkreten Angst ›dick zu werden‹«.

Diese und weitere Interpretationsmöglichkeiten sollten in die Problem- und Bedingungsanalyse anorektischen Verhaltens einbezogen und mit der Anorektikerin besprochen werden – nicht zuletzt, weil die Klientin dadurch angeregt wird, selbst über die Ursachen ihres Verhaltens nachzudenken. Dadurch kann ihr der Therapeut vermitteln, daß er sich für die, ihr möglicherweise noch gar nicht bewußten Ziele interessiert, welche sie in ihrem bisherigen Verhalten, zum Beispiel durch Nahrungsverweigerung, verfolgt hat.

Er könnte ihr anbieten, gemeinsam Verhaltensalternativen ausfindig zu machen, zu erproben und zu beurteilen, ob sie ihr ermöglichen, diese Ziele tatsächlich zu erreichen und weniger »Kosten« dafür in Kauf zu nehmen, als sie dies bisher getan hat. Diese Vorgehensweise impliziert, daß der Therapeut die Anorektikerin als jemand wahrnimmt, der aktiv Ziele verfolgt, sich sein Handeln bewußt machen und es kontrollieren kann (vgl. LOHMANN 1982). Indem er sie an der Problem- und Bedingungsanalyse, an der Zielbestimmung, Interventionsplanung und -bewertung beteiligt, fördert er ihre Fähigkeiten, sich der Umwelt gegenüber aktiv zu verhalten, eigenes Verhalten zu reflektieren und zu kontrollieren.

Wenn eine Anorektikerin in der Phase der Interventionsplanung selbst in ein Behandlungsprogramm (dessen Ablauf und dessen Wirkmechanismen ihr bekannt sind) eingewilligt hat – auch wenn sie isoliert und zunächst durch andere kontrolliert wird –, weil sie davon überzeugt ist, daß eine gute körperliche Konstitution eine günstige Bedingung einer weiteren Therapie ist, in der sie längerfristige Ziele verfolgen, Selbstkontrollkompetenzen aufbauen, selbstsicheres Verhalten erlernen, Problemlösekompetenzen erwerben will, dann kann sie sich in diesem Behandlungsprogramm als absichtsvoll, zielgerichtet, kontrolliert und potentiell bewußt Handelnde erleben, und sie wird sich auch als solche vom Therapeut und dem Klinikpersonal behandelt fühlen. Gerade weil lerntheoretische Annahmen meist einfach und auch für Laien vertändlich formuliert sind, sollte eine Einbeziehung der Klientin in die Planung eines Verhaltenstherapieprogrammes möglich sein. Hinzu kommt, daß die Vielfalt verhaltenstherapeutischer Maßnahmen eine klientengerechte, adaptive Behandlungsgestaltung begünstigt.

In der Regel wird es notwendig sein, nicht nur eine Einzeltherapie der Anorektikerin durchzuführen, sondern auch ihre Familienangehörigen, die ja ihre unmittelbare Umwelt konstituieren, in die Behandlung miteinzubeziehen. Wie eine Behandlung anorektischen Eßverhaltens und eine Therapie der gesamten Familie kombiniert werden könnten, schildern MINUCHIN et al. (1981).

4.3.3 Zusammenfassung

Verhaltenstherapeutische Ansätze bieten Interventionsmaßnahmen an, durch deren Einsatz bei den meisten Anorektikerinnen in kurzer Zeit ein Gewichtsanstieg erreicht werden kann. Wird die Problembestimmung jedoch auf das Eßproblem reduziert, das oft stärker im Bewußtsein ihrer Angehörigen als im Bewußtsein der Anorektikerin selbst zu existieren scheint, bleiben individuelle Problem- und Bedingungskonstellationen unberücksichtigt, erfolgt eine Behandlung ohne das Einverständnis der Klientin, ist ihr Rückfall in der Regel vorprogrammiert. Dauerhafte

Erfolge verhaltenstherapeutischer Maßnahmen scheinen eher gewährleistet zu sein, wenn Therapeuten bei der Problem- und Bedingungsanalyse auch solche Annahmen über die soziokulturelle, familiäre und intrapsychische Dimension dieser Störung auf ihre Gültigkeit für die spezifische Klientin überprüfen, die von psychoanalytischen und familientherapeutischen Ansätzen bereitgestellt werden. Therapieziele sollten neben kurzfristigen Veränderungen des beobachtbaren Verhaltens von Anorektikerinnen längerfristige Veränderungen ihrer Kognitionen, ihrer Selbstkontroll- und Problemlösekompetenzen und sozialen Kompetenzen betreffen und dadurch die Selbstsicherheit und das Selbsthilfepotential der Klientinnen erhöhen. Anders als bisher sollte das symptomatische Verhalten der Anorektikerinnen auch auf seine Funktionalität innerhalb eines gestörten Systems hin überprüft werden – unter Umständen empfiehlt sich eine Kombination aus Verhaltenstherapie der Anorektikerin und Familientherapie, wie sie von MINUCHIN und seinen Mitarbeitern bereits mit Erfolg erprobt wurde. In jüngster Zeit finden sich Versuche, individuelle Problem- und Bedingungskonstellationen in komplexen Verhaltensanalysen ausfindig zu machen und daraus klientengemäße Interventionsprogramme abzuleiten, in denen das reiche Methodeninventar der Verhaltenstherapie zur Anwendung kommt. Zunehmend mehr Beachtung findet die Interaktion von Therapeut und Klientin, da sie diagnostische Informationen bereitstellt und als Übungsfeld für Verhaltensänderungen genutzt werden kann. Erfreulicherweise wird die Notwendigkeit, Selbststeuerungskompetenzen von Anorektikerinnen zu fördern und sie zur aktiven Gestaltung ihrer Umweltbedingungen zu befähigen, auch von Verhaltenstherapeuten immer stärker betont.

4.4 Familientherapeutische Ansätze

Ansätze der Familientherapie resultieren aus der Abkehr von unidirektionalen Erklärungsversuchen psychischer und psychosomatischer Störungen, wie sie medizinische, psychoanalytische, feministische und verhaltenstherapeutische Ansätze beinhalten. Neben neuen Behandlungsmethoden liefern sie eine neue Betrachtungsweise dieser Störungen, indem sie Konzepte der Systemtheorie und Kybernetik auf soziale Phänomene übertragen.

Geht es darum, eine Störung zu lokalisieren, richten sie ihr Augenmerk nicht auf eine Einzelperson sondern auf das »Individuum im Netz der signifikanten Beziehungen, in dem die Menschen interagieren« (MINU-

CHIN, ROSMAN & BAKER 1981, p. 100). Kern dieses Netzes ist das Familiensystem, dessen Struktur das Erleben und Verhalten der Familienmitglieder und die Interaktionen dieser Personen bestimmt und seinerseits wieder durch ihre Interaktionen bestimmt wird. Nach Ansicht SELVINI PALAZZOLIS et al. (1977, p. 15) liegt

> »die Macht, [eigenes und fremdes Verhalten zu steuern] weder beim einen noch beim anderen [Familienmitglied]. *Die Macht liegt in den Spielregeln*, die sich in dem pragmatischen Zusammenspiel aller Beteiligten im Laufe der Zeit herausgebildet haben«.

Die Störung eines einzelnen Familienangehörigen gilt als Symptom einer pathologischen Systemstruktur, pathologischer Spielregeln und familiärer Interaktionsmuster. Angenommen wird eine kreisförmige Wechselwirkung des Verhaltens aller Familienmitglieder. Die scharfe Trennung pathogener Bedingungen und ihrer Folgen, in Form von Symptomen, entfällt.

Der Unterscheidung aufeinanderfolgender Einzelereignisse, die Familienmitglieder vornehmen, setzen Familientherapeuten eine zirkuläre Sicht der Abläufe innerhalb von Familiensystemen entgegen. Das Handeln jedes Individuums verstehen sie zugleich als Aktion und Reaktion, als ursächlich und verursacht. Anfang und Ende einer Aktion können nach ihrer Meinung nur willkürlich bestimmt werden, da sich alle Mitglieder eines Systems wechselseitig beeinflussen. Jede Aktion ist Teil einer Interaktion. Veränderungen eines Systemteils gehen mit Veränderungen in anderen Teilen einher.

SELVINI PALAZZOLI (1983) sieht die Familie als »organisierte Komplexität«, die durch Ordnung und Unordnung gekennzeichnet ist. Sie besteht aus verschiedenen Subsystemen, deren Angehörige der gleichen Generation oder dem gleichen Geschlecht angehören, Interessen oder Funktionen teilen. So sind beispielsweise das elterliche und geschwisterliche Subsystem zu unterscheiden. Durch gegenseitige Abgrenzung der Subsysteme wird geregelt, wer wann wo und wie mit wem interagiert. Sind Grenzen zwischen Subsystemen deutlich und durchlässig, ist eine gegenseitige Einmischung von Familienmitgliedern in die Angelegenheiten von Subsystemen, denen sie nicht angehören, ausgeschlossen. Gleichzeitig bleibt Austausch und Kontakt zwischen Subsystemen möglich.

Jedes Familiensystem hat die Tendenz, sein Gleichgewicht zu erhalten. Verschiedene Systeme unterscheiden sich in der Fähigkeit, sich zu verändern, in ihrer Flexibilität oder Rigidität, die auch die Grenzen der Subsysteme betreffen, und in dem Ausmaß, in dem einzelne Mitglieder an das jeweilige System gebunden sind. Im Unterschied zu »normalen« Familien, die sich an innerfamiliäre und äußere Veränderungen anpassen, tendieren gerade Mitglieder pathologischer Systeme in Krisensituationen, in denen eine Veränderung oder Weiterentwicklung des Systems erfolgen müßte, dazu, einstudierte Interaktionsmuster zunehmend starrer zu wiederholen, Rollen von Personen innerhalb dieses Systems festzuschreiben, Konflikte zu verdecken oder das System durch die Entwicklung von Symptomen zu stabilisieren. Krisensituationen treten ein, wenn ein Mitglied eine neue Rolle innerhalb des Systems beansprucht oder sich aus dem System lösen will, wenn aus der Umwelt neue Anforderungen an das System gestellt werden oder wenn ein Konflikt zwischen Mitgliedern des Systems entstanden ist.

Psychosomatische Störungen bei Kindern und Jugendlichen werden von Familientherapeuten als Ausdruck einer familiären Krise gedeutet. Der Lebensgeschichte einzelner Familienmitglieder oder der »Wahl« eines spezifischen Symptoms beziehungsweise einer spezifischen Störung messen sie weniger Bedeutung bei als der Beobachtung der familiären Interaktionen im »Hier und Jetzt« und der Effekte, die der »identifizierte Patient« mit seinem symptomatischen Verhalten erzielt.

Dennoch erfolgt die Klassifikation von Störungen des Familiensystems in der Regel anhand der Klassifikation der Störungen der Familienmitglieder, die als Patienten identifiziert werden. Unterschieden werden »neurotische«, »psychotische« und »psychosomatische« Familien oder »Familienneurosen«, »-psychosen« und »psychosomatische Störungen in der Familie«. Aus dem Eindruck heraus, daß es sich bei Anorexia nervosa um eine Erkrankung der Gesamtfamilie handelt, führte SPERLING (1965) den Begriff »Magersuchtsfamilie« ein.

WIRSCHING & STIERLIN (1982) kritisieren diese Art der Klassifikation, bei der Begriffe aus der Individualpsychologie auf das ganze Familiensystem übertragen werden. Alternativ empfehlen sie »Konzepte, welche die ganze Bandbreite familiärer Transaktionen bei verschiedenen Arten der Störung (Psychose, Neurose, psychosomatische Erkrankung usw.) einbeziehen« (WIRSCHING & STIERLIN, p. 53). Je nach Beziehungsmustern, die sich in Familien mit psychosomatisch gestörten Familienmitgliedern finden, unterscheiden sie »gebundene«, »gespaltene« und »zerfallene« Familien.

Ein oft zitiertes Merkmal pathologischer Familiensysteme besteht in der Leugnung der Individualität einzelner Mitglieder und der damit einhergehenden verdeckten Kommunikation.

»Jede Botschaft, die die Aufmerksamkeit auf das Selbst als eigenständig Handelnden lenken könnte – mit Vorlieben und Mißbilligungen, Wünschen und Ablehnungen des Ich –, wird unterdrückt oder verändert.

Wünsche und Entscheidungen werden so geäußert, als stammten sie von weiß Gott woher außerhalb des Sprechers selbst. Behauptungen erscheinen in der Verkleidung symbolischer Äußerungen. Botschaften werden unvollständig gelassen oder überhaupt nicht ausgedrückt, wobei der Sender auf geistige Telepathie baut, um sie zu überbringen.« (SATIR 1977², p. 116)

Als wünschenswertes und familienkonformes Verhalten gilt hier die permanente Demonstration von Sorge und Interesse für die anderen bei gleichzeitiger Verleugnung aller eigenen Wünsche und Interessen (OVERBECK 1979). Den selbstunsicheren Familienmitgliedern fehlt eine Vertrauensbasis, auf der Konflikte ausgetragen werden können.

Der Verleugnung negativer, aggressiver Gefühle und Vedeckung oder Vermeidung von Konflikten scheint auch die Entwicklung von Störungen einzelner Familienmitglieder zu dienen. Kranke Kinder zum Beispiel können als Puffer und Bindeglied zwischen zerstrittenen Ehepartnern fungieren (HOFNER 1978).

Häufig werden Konflikte nicht ausgetragen, weil in Familien rigide Loyalitätsforderungen bestehen, die einzelne Familienmitglieder aneinander binden (WIRSCHING & STIERLIN 1980). Ihre gegenseitige Abhängigkeit spiegelt sich in der Starrheit ihrer Rollen wieder. Das Bedürfnis, den Status quo zu erhalten, das in diesen Familien besonders stark ausgeprägt ist, wird gefährdet, wenn ein Familienmitglied nach Individuation und Ablösung aus der Familie strebt, etwa wenn ein Kind erwachsen wird. Es mag sich den oft unbewußten Erwartungen anderer Familienmitglieder gegenüber loyal verhalten, wenn es – von außen betrachtet – in seinem Entwickungs- und Reifeprozeß versagt und die Bindung zur Familie in der alten Form aufrechterhält.

STIERLIN (1982, p. 24) meint, daß Kinder den Erwartungen ihrer Eltern folgen, »indem sie sich binden, verwöhnen oder auch infantilisieren lassen, und/oder – indem sie Probleme anliefern. [...] Sie leisten damit oft einen sehr wichtigen Beitrag zu deren Vitalisierung und Sinnfindung.«

Identifizierte Patienten profitieren nach Ansicht von Familientherapeuten von der Aufmerksamkeit, die sie sich durch ihre Störung verschaffen. Durch ihr symptomatisches Verhalten können sie sich von anderen Familienmitgliedern abgrenzen und ein gewisses Maß an Individualität aufbauen. HALEY (1978) deutet psychische und psychosomatische Symptome als den Versuch, Kontrolle über eine Beziehung zu erlangen. Symptome können aber auch eine Anklage zum Ausdruck bringen oder eine Rebellion gegen äußere Erwartungen darstellen. Von den Schuldgefühlen, die normalerweise mit ihrem »egozentrischen« Verhalten verbunden wären, entlasten sich identifizierte Patienten durch die selbstzerstörerische Wirkung ihrer Krankheit.

Scheinbar positive Folgen, die sich für alle Beteiligten aus der Störung eines Familienmitglieds ergeben, sollten nicht über die hohen »Kosten«

hinwegtäuschen, die daraus für alle Angehörigen erwachsen: die Steigerung gegenseitiger Abhängigkeit, der Anstau verborgener Aggressionen, die Ansammlung von Schuld- und Versagensgefühlen, die Angst, welche die scheinbar unkontrollierbare Störung auslöst, etc.. Die Störung eines Angehörigen ist nicht nur dazu geeignet, pathologische familiäre Interaktionsmuster weiter aufrechtzuerhalten, sie verstärkt dieselben auch.

Eine Aufhebung der Symptome einzelner Familienmitglieder setzt voraus, daß pathogene Spielregeln und Interaktionsmuster verändert werden. Eine Änderung der Spielregeln bewirkt eine Änderung der Beziehungskonstellationen und schafft die Chance zur Selbstveränderung betroffener Personen.

STIERLIN et al. (1980²) unterscheiden folgende Grundmodelle familientherapeutischer Intervention:
– Heilung durch Begegnung
  der entfremdeten Familienmitglieder, analytisch orientierte Familientherapie,
– Heilung durch Systemveränderung,
  bei der die gegenseitige Verklammerung der Familienmitglieder und die Starrheit des Familiensystems durch paradoxe Verschreibungen, die den Familienmitgliedern neue Erfahrungen bieten, aufgehoben werden sollen,
– Heilung durch aktive Umstrukturierung,
  bei der der Therapeut dirigierend in die Beziehungsmuster der Familie eingreift.

Bei der Behandlung von Systemstörungen kombinieren Familientherapeuten systemorientierte Maßnahmen, wie paradoxe Interventionen oder Verschreibungen von Familienritualen, und Maßnahmen aus anderen Ansätzen. Sie behandeln identifizierte Patienten teils stationär, teils ambulant, messen der Beseitigung somatischer Symptome unterschiedlich viel Bedeutung bei, erklären Symptome eher psychoanalytisch oder verhaltensanalytisch, ergreifen gegenüber den Familienmitgliedern Partei oder bleiben »objektiv«, arbeiten allein oder im Team, führen Einzel-, Partner- oder Familiengespräche, etc. In der Regel orientieren sie sich an Plänen zur Erreichung mittelfristiger Ziele, durch die der grobe Ablauf der Behandlung und eventuell auch einzelner Sitzungen festgelegt ist.

4.4.1 Bestimmung, Erklärung und Behandlung der Anorexia nervosa

Vertreter familientherapeutischer Ansätze zählen Anorexia nervosa meist zu den psychosomatischen Störungen, da sie davon ausgehen, daß hier emotionale Konflikte, die aus familiären Interaktionen resultieren, in somatische Symptome transformiert werden.

SPERLING et al. (1982, p. 124) betrachten Anorexia nervosa als einen Grenzfall zwischen Neurose und psychosomatischer Erkrankung. Diese Einordnung stützt sich auf folgende ätiologische Annahmen:

> »Es handelt sich hierbei um eine existenzbedrohende Neurose mit psycho-somatischen Folgeerscheinungen, nicht selten lebensgefährlicher Art [...]. Der Unterschied zu sonstigen Psychosomatosen liegt darin, daß dem Akt der Gewichtsabnahme durch Nahrungsverweigerung eine bewußte Entscheidung zugrundeliegt. Die psychosomatischen Folgen, Kachexie, Sistieren der Menses, geschehen nicht im Dunkel psychovegetativer Reflexe sondern sind Teil eines bewußtseinsfähigen Programms, dessen ›dialogische Funktion‹ bereits RICHTER 1965 herausgestellt hat.«

SELVINI PALAZZOLI (1978) ordnet Anorexia nervosa aufgrund der Symptomatik den Psychosen zu. »Echte« Anorexie grenzt sie gegen neurotische und chronische Formen ab, die entweder direkt auf eine traumatische Enttäuschung oder auf eine Magen-Darm-Störung zurückzuführen sind. Während eine neurotische Anorektikerin nach Ansicht SELVINI PALAZZOLIS mit ihrer Umgebung kämpft, befindet sich die »echte« Anorektikerin ihrer Meinung nach im Kampf gegen den eigenen Körper. SELVINI PALAZZOLI (p. 94) meint:

> »In my view, anorexia nervosa is an intrapersonal paranoia. [...] The power motive frustrated in the interpersonal relationship is shifted to the intrapersonal structure, that is to a rigid control of the patient's body. The unacceptable is projected into the body, not into the environment.«

MINUCHIN, ROSMAN & BAKER (1981, p. 65) vergleichen Anorexia nervosa mit einem »Spiegel« für die Art und Weise, wie die gesamte Familie sich verhält. Die Störung eines Familienmitglieds deuten sie als eine »Form des Umgangs mit anderen«, der durch die Familienstruktur geprägt ist. Ähnlich nennen SARGENT, LIEBMAN & SILVER (1984, p. 257) Anorexia nervosa »a problem of family organization and functioning«.

Neben Symptomen der Anorektikerin beschreiben Familientherapeuten Merkmale anderer Familienmitglieder, Merkmale der Familienstruktur, Kommunikations- und Interaktionsmuster von Familien mit einem anorektischen Mitglied.

MINUCHIN, ROSMAN & BAKER (1981, p. 58) unterscheiden körperliche und psychische Symptome der Anorexia nervosa:

»Zu den körperlichen Symptomen gehören ein Gewichtsverlust von mehr als 25 Prozent und einer oder mehrere der folgenden Zustände: Amenorrhöe (Ausbleiben der Monatsblutung), Hyperaktivität (starker Bewegungsdrang), Hypothermie (abnorm niedrige Körpertemperatur). Zu den psychischen Anzeichen zählen die Entschlossenheit, immer dünner zu werden, die Furcht vor einer Gewichtszunahme, das Nichtwahrhabenwollen von Hungergefühlen, ein verzerrtes Bild vom eigenen Körper, Untauglichkeitsgefühle, Dominanzstreben.«

SELVINI PALAZZOLI (1978) zählt auch die Ablehnung der eigenen Sexualität, der weiblichen Geschlechtsrolle und die fehlende Krankheitseinsicht zu den Symptomen der Anorektikerin.

WEBER & STIERLIN (1981) halten das Bewußtsein, Delegierte der Eltern zu sein und die Bereitschaft, deren Erwartungen zu erfüllen, für symptomatisch.

SELVINI PALAZZOLI nimmt an, daß die Störung der Anorektikerin dem Kommunikationsverhalten der gesamten Familie entspricht. An anorektischen Familien machte sie folgende Beobachtungen:

1. Die Familienmitglieder neigen dazu, sich inhaltlich zu widersprechen und die Selbst- und Beziehungsdefinitionen, die in den Mitteilungen der übrigen Mitglieder enthalten sind, zu verwerfen.

2. Kein Familienmitglied ist bereit, offen die Führung in der Familie zu übernehmen. Alles, was Familienmitglieder tun, schreiben sie den Bedürfnissen anderer zu. Eigene Bedürfnisse und Wünsche äußern sie nur indirekt. Ihr eigenes Verhalten begründen sie durch das Verhalten anderer Familienmitglieder oder durch Berufung auf ideelle Prinzipien wie Gesundheit oder Moral.

3. Da in diesen Familien als oberstes Prinzip der Erhalt einer Pseudo-Solidarität gilt, sind offene Zweierkoalitionen innerhalb und außerhalb der Familie nicht erlaubt. Sie werden als Verrat an den übrigen Familienmitgliedern und als Bedrohung für das gesamte Familiensystem wahrgenommen. Dies erzeugt eine Unklarheit darüber, wer zu wem gehört, und fördert die Bildung verdeckter Koalitionen, insbesondere zwischen der identifizierten Patientin und einem Elternteil.

»The patient ist forced into an impossible position; she is continuously invited to ally herself with her father against her mother and *vice versa*. Worse still, each of the parents, deeply disillusioned with their partner, secretly encourages *the patient to make up for the partner's shortcomings*. As a result the patient finds herself playing the role of secret husband and secret wife all at once.«
(SELVINI PALAZZOLI 1978, p. 211)

4. Geht etwas schief, ist kein Familienmitglied bereit, dafür die Verantwortung zu übernehmen. Die Familienangehörigen neigen vielmehr
dazu, sich gegenseitig oder mysteriöse Kräfte außerhalb der Familie für
das verantwortlich zu machen, was in der Familie geschieht. In der
Familie besteht ein Kampf, in dem die Mitglieder das Ziel verfolgen,
den anderen gegenüber dadurch moralisch überlegen zu erscheinen,
daß sie sich als Opfer darstellen. SELVINI PALAZZOLI (p. 214) charakte-
risiert die Eltern folgendermaßen:

>Two moralistic people who both consider themselves the victim of a compul-
sory relationship will inevitably compete with each other for moral superiority,
and the simplest way to do this is to appear to be the victim. Their position in
the relationship is therefore of a symmetrical type, [...] it [...] serves to prove
that one has made greater sacrifices in the cause of duty, respectability and
marital stability than the other. We call this >symmetry through sacrificial
escalation<.«

5. Konflikte zwischen Familienmitgliedern werden nicht offen ausgetragen. Vielmehr stellen beispielsweise die Eltern trotz verdeckter Konflikte nach außen hin ein vorbildliches Paar dar.
6. Häufig versuchen Familien mit anorektischen Mitgliedern, ihr Zusam-
menleben in städtischer Umgebung nach ländlich-patriarchalischen
Wertvorstellungen zu gestalten, worunter besonders die weiblichen
Familienmitglieder leiden.

Ähnlich nennen MINUCHIN, BAKER & ROSMAN (1981) die Starrheit des
Familiensystems, die Verstrickung der Familienmitglieder untereinander,
ihre Überfürsorglichkeit und Neigung, Konflikte zu vermeiden, und die
Tendenz der Eltern, anorektische Kinder in ihre Partnerkonflikte einzu-
beziehen, als charakteristische Merkmale dieser Familien. Keines dieser
Merkmale kann nach Meinung MINUCHINS und seiner Mitarbeiter allein
als ausreichende Bedingung für eine anorektische Entwicklung gelten. In
ihrer Gesamtheit scheinen diese Merkmale jedoch die Entwicklung und
Aufrechterhaltung der Anorexia nervosa zu begünstigen. MINUCHIN,
ROSMAN & BAKER (1981) beschreiben sie folgendermaßen:

1. *Verstrickung:* In verstrickten Familien sind die Grenzen zwischen
Subsystemen – beispielsweise dem elterlichen und geschwisterlichen
System – nur schwach ausgeprägt. Sie können leicht überschritten werden – etwa in generationsübergreifenden Koalitionen. Den Subsystemen
entsprechen Funktionen – zum Beispiel die elterliche. In verstrickten
Familien werden diese Funktionen – zum Beispiel des elterlichen Subsystems – zum Teil von Familienmitgliedern außerhalb des Subsystems –
zum Beispiel von einem Kind – übernommen. Bei allen Interaktionen ist
ein hohes Ausmaß an Nähe und Intensität zu beobachten. Da sich die
Mitglieder des Gesamtsystems nicht angemessen voneinander abgrenzen

können, mischt sich jeder in die Gedanken, Gefühle und in die Kommunikation und Tätigkeit der anderen ein. Individuation und Privatheit sind nicht möglich, Selbst- und Fremdwahrnehmung undifferenziert.

2. *Überfürsorglichkeit:* Überfürsorglichkeit spiegelt sich in dem ungewöhnlichen Ausmaß wieder, in dem einzelne Familienmitglieder am Wohlergehen der anderen interessiert sind. Während die Überfürsorglichkeit der Eltern die Ablösung der Kinder von der Familie verhindert, ihre Autonomie- und Kompetenzentwicklung erschwert, empfinden die Kinder große Verantwortung für die Familie. So kann selbst die Symptomatik der identifizierten Patientin als Versuch interpretiert werden, die Familie vor einer »echten« Krise, die ihre Homöostase »ernsthaft« gefährden würde, zu schützen.

3. *Starrheit:* Starre Familien sind bestrebt, den Status quo zu erhalten. Gerade in Krisenzeiten, in denen Veränderung und Wachstum notwendig wären, beispielsweise in der Adoleszenz eines Kindes und bei dessen Ablösungsversuchen vom Elternhaus, zeigt sich eine starke Tendenz zur Beibehaltung der gewohnten familiären Umgangsformen. Die Krankheit der identifizierten Patientin ermöglicht eine Ablenkung von Konflikten, deren Wahrnehmung Veränderungen provozieren würde. Damit dient sie der Aufrechterhaltung familiärer Homöostase.

4. *Konfliktvermeidung:* Starrheit und Überfürsorglichkeit der Familien und ständige Zusammenstöße, die in solchen Systemen unvermeidlich sind, führen in der Regel dazu, daß die Konfliktschwelle der Familie sehr niedrig ist. Da die Familienmitglieder Problemen aus dem Weg gehen, bleiben dieselben ungelöst und aktivieren unaufhörlich die Vermeidungsmechanismen des Systems. Neben der Entwicklung psychosomatischer Symptome gehören dazu auch Flucht, das Zerreden oder die Ablenkung von einem Thema.

Die Eltern versuchen Konflikte zu vermeiden, indem sie ein Kind, in der Regel die Anorektikerin, in ihre Interaktion einbeziehen und es drängen, sich mit einem Elternteil gegen den anderen zu verbünden. MINUCHIN, ROSMAN & BAKER (1981) unterscheiden drei Arten der Einbeziehung:

Bei der Triangulation wird jede Äußerung des Kindes als Parteinahme für den einen oder anderen Elternteil gedeutet, so daß das Kind zwischen den Eltern hin- und herschwankt.
    Bei der Koalition geht das Kind mit einem Elternteil ein festes Bündnis gegen den anderen ein.
    »Beim dritten Muster, der *Konfliktumleitung,* ist die elterliche Dyade eher geeint. Die Eltern verbergen ihre Konflikte hinter einer schützenden oder tadelnden Haltung gegenüber dem kranken Kind, das als das einzige Problem der Familie gilt.« (MINUCHIN, ROSMAN & BAKER, p. 47).

SPERLING et al. (1982) beschreiben die Grundhaltung von Familien mit einem anorektischen Mitglied als asketisch-sexualfeindlich, leistungsorientiert und depressiv. Sie beobachteten starke Loyalitätsbindungen zwischen weiblichen Familienmitgliedern, besonders zwischen Müttern und Großmüttern von Anorektikerinnen. WHITE (1983) nennt als weiteres Merkmal dieser Familien spezifische Rollenerwartungen an weibliche Familienmitglieder, feinfühlend, ergeben und selbstaufopfernd zu sein, die über Generationsgrenzen hinweg bestehen.

Die beschriebenen Merkmale von Familien mit einem anorektischen Mitglied, die sich in der Interaktion aller Familienangehörigen im Lauf der Zeit, oft über Generationen hinweg, entwickelten, scheinen die Entwicklung der Anorexia nervosa entscheidend zu beeinflussen. Das »systemische Modell der Magersucht« von MINUCHIN, BAKER & ROSMAN (1981) in Abbildung 15 verdeutlicht familientherapeutische Ätiologietheorien zur Anorexia nervosa.

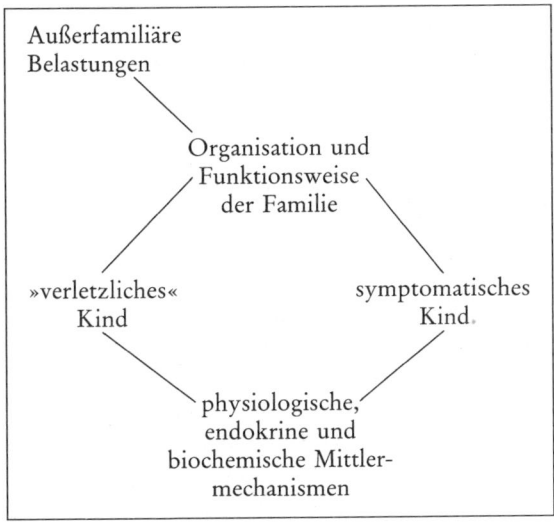

Abbildung 15. Das systemische Modell der Magersucht von MINUCHIN, BAKER & ROSMAN (1981, p. 26).

Da sich Familien von Personen mit unterschiedlichen psychosomatischen Störungen in ihrer Organisation ähneln, vermuten MINUCHIN, ROSMAN & BAKER (1981), daß die spezifische Symptomwahl unter dem Einfluß von Angehörigen erfolgt, deren Verhalten Modellcharakter für die Anorektikerin hat. Familientherapeuten nehmen an, daß Themen wie »Gewicht«, »Ernährung« und »körperliche Ertüchtigung« für die betreffenden Familienmitglieder von großer Bedeutung sind, und daß Essen in Familien mit anorektischen Mitgliedern *das* Medium der Interaktion ist (YAGER 1981).

Prädisponierend zur Entwicklung der Anorexia nervosa ist nach Ansicht von Familientherapeuten eine Erziehung, in der einem Kind von den Eltern, vor allem von der Mutter, keine eigenen Bedürfnisse, Gefühle und Rechte zugestanden werden, in der es »unter dem Deckmantel von Zuneigung und Interesse« in seiner Entwicklung zu einer autonomen Persönlichkeit gehemmt wird (MINUCHIN, ROSMAN & BAKER, p. 78).

SELVINI PALAZZOLI (1978) beschreibt die Entwicklung eines anorektischen Mädchens folgendermaßen:

Das Mädchen erlebt ständig, daß es von den Eltern kontrolliert und nicht als Person mit eigenen Rechten akzeptiert wird. Die Eltern ersticken seine Eigeninitiative, sie mischen sich in seine Angelegenheiten ein, sie nehmen ihm die Möglichkeit, »eigene« Erfahrungen zu machen, und ignorieren seinen Anspruch, »eigene« Gefühle zu haben. Den Versuch ihrer Tochter, die Beziehung zu ihnen symmetrisch zu definieren, weisen sie zurück, und sie beharren auf einer komplementären Definition. Mit Eintritt der Pubertät spitzt sich die Situation zu. Das Mädchen fühlt sich ineffektiv. Es hat den Eindruck, nicht auf eigenen Beinen stehen zu können. Es fühlt sich unverstanden und isoliert. Gerade wenn sich seine Geschlechtsmerkmale entwickeln, ohne daß es darauf Einfluß zu haben scheint, nimmt es seinen eigenen Körper als Quelle von Ohnmacht und Angst wahr. Indem es seinen Körper bekämpft, entdeckt es die Möglichkeit, sich auch der elterlichen Kontrolle durch Nahrungsverweigerung zu entziehen. SELVINI PALAZZOLIS Vermutungen über die Vorteile, die sich eine Anorektikerin von ihrer Symptomentwicklung versprechen könnte – Schutz davor, nicht akzeptiert zu sein, lächerlich gemacht zu werden, lüsternen Blicken, kritischen Bemerkungen, Aggressionen und Zudringlichkeiten ausgesetzt zu sein – und über ihr Bemühen um Werte wie Freiheit, Schönheit, Intelligenz und Moral enthält Abbildung 16.

SELVINI PALAZZOLI (1978, p. 152) sieht Anorexia nervosa als Flucht aus jeglicher Art menschlicher Beziehung. Sie meint:

»The body is our meeting place with others and its rejection is at one and the same time a rejection of sociability, human solidarity and responsibility.«

Die Entwicklung der anorektischen Symptomatik entspricht nach ihrer Einschätzung den Interaktions- und Kommunikationsmustern in der Familie und trägt zu deren Aufrechterhaltung bei, denn:

Security from	Emaciation as escape from
the negative aspects of social existence	non-acceptance ridicule exposure to lustful glances to critical remarks to aggression to sexual advances
Pull towards	Emaciation for the sake of
the positive aspects of social existence	freedom beauty intelligence morality

Abbildung 16. SELVINI PALAZZOLIS (1978, p. 73) Interpretation anorektischer Symptomentwicklung.

»In a family system, where every communication has so high a probability of being rejected, the rejection of food seems to be in full keeping with the interactional style of the family.« (SELVINI PALAZZOLI, p. 216)

Indem die Anorektikerin Nahrung zurückweist, weist sie in symbolischer Form auch die Zu- oder Abneigung ihrer Eltern zurück. Sie verwirft deren Beziehungs- und Selbstdefinition als kompetente Eltern eines »kleinen Kindes«. Weder die Anorektikerin selbst noch ein anderes Familienmitglied übernimmt die Verantwortung für ihre Störung.

»It is something that happened to her, nothing can be done about it. The result is a form of family leadership that is only acceptable because it is pathological. It's subject is not the patient but the illness.« (SELVINI PALAZZOLI, p. 208 f)
Durch ihre Krankheit ist die Tochter zwar innerhalb des Familiensystems isoliert, doch sie hat zumindest die Eltern in einer Koalition gegen sich geeint.

Sie gilt als Opfer ihrer Krankheit. Durch ihre Symptome ist ihr die Möglichkeit gegeben, zu rebellieren, ohne rebellisch zu erscheinen, sich zu rächen, ohne als Rächerin aufzutreten, zu bestrafen, ohne sich strafend zu zeigen, nicht offen zu sagen, daß ihre Eltern für ihren Zustand verantwortlich sind, und die Konflikte zwischen ihren Eltern zu verdecken, indem sie dieselben in der Sorge um sich selbst eint.

Auch MINUCHIN, ROSMAN & BAKER (1981) vermuten, daß eine altersgemäße Ablösung der Anorektikerin aus ihrem Elternhaus durch die überfürsorgliche Haltung ihrer Eltern verhindert wird. Da all ihre Handlungen von Angehörigen beobachtet und kommentiert werden, beginnt sich die Anorektikerin nach ihrer Ansicht bereits als Kind aufmerksam zu beobachten und sich ihrer Wirkung auf andere zu versichern. Dadurch wird ihre Initiative gehemmt, und sie bleibt in ihrem Handeln abhängig von der Zustimmung ihrer Eltern. Zu Beginn der Adoleszenz gerät die Anorektikerin in eine Krise, da ihre Orientierung an den Eltern und der altersgemäße Wunsch, sich Gleichaltrigen anzuschließen und autonom zu werden, kaum vereinbar sind.

Nicht nur die Anorektikerin fühlt sich der Ablösung von den Eltern nicht gewachsen, dieselbe stellt für alle Familienmitglieder eine Bedrohung dar:

»Diese Familien [...] besitzen wenig Rüstzeug, um auf Veränderungen zu reagieren. Daher sind sie auf das Drama der Trennung und Umstrukturierung der Familie, das mit der Adoleszenz einhergeht, nicht vorbereitet. Dazu kommen häufig Faktoren, die solche Trennung und Umstrukturierung zusätzlich erschweren. Die Eltern magersüchtiger Mädchen sind [...] noch häufig den eigenen Eltern in enger Abhängigkeit verbunden. Diese altern in diesem Zeitraum, werden vielleicht pflegebedürftig oder sterben schließlich. Magersuchtsfamilien neigen dazu, die sich so ergebenden Pflegeaufgaben pflichtbewußt und bis zur Selbstaufopferung zu übernehmen. In einer Zeit, in der sich die eigenen Kinder abzulösen versuchen, binden sich diese Eltern somit noch stärker an *ihre* Eltern und empfinden deren Tod schließlich um so schmerzhafter. So entstehen offene Konten im Sinne BOSZORMENYI-NAGYS [& SPARKS] (1973). Die Eltern sind dann vermehrt auf die Stützung durch die Kinder angewiesen.« (WEBER & STIERLIN 1981, p. 113f)

Die Krise, die durch die drohende Ablösung der Tochter aus der Familie ausgelöst wurde, endet nach Ausbruch der anorektischen Symptomatik in ihrer stärkeren Bezogenheit auf die Familie, die der Starrheit des Familiensystems entspricht und durch das Verhalten der Eltern verstärkt wird. Sie benutzen die Erkrankung der Tochter zur Umgehung der Konflikte, die zwischen ihnen selber bestehen, und finden sich zusammen, in der Absicht, das Familiensystem zu schützen.

Nach Ansicht von Familientherapeuten ist die Behandlung der Anorektikerin erfolgversprechender, wenn die gesamte Familie in die Therapie einbezogen werden kann. Sie streben eine Veränderung des anorektischen Verhaltens durch Änderung des pathogenen Familiensystems an. Laut WIRSCHING & STIERLIN (1980) ist Familientherapie indiziert, wenn – wie im Fall der Anorexia nervosa – folgende Kriterien erfüllt sind:
– bei jugendlichen Klienten, bei denen eine Ablösungsproblematik vorliegt, und bei Kindern, die an schweren psychosomatischen Krankheiten leiden,
– bei stark verstrickten Familien,
– bei schweren psychosomatischen Krisenzuständen,
– bei schwacher Motivation des »identifizierten Patienten« zur Einzeltherapie.
Befindet sich die Familie im Zustand der Auflösung oder stellt sie nicht das entscheidende Bezugssystem dar, ist Familientherapie ihrer Meinung nach kontraindiziert.

Neben familientherapeutischen Sitzungen werden von Familientherapeuten häufig auch Einzeltherapien der Anorektikerinnen und Partnertherapien der Eltern durchgeführt.

EPPLE (1984) schlägt vor, nach einem Erstinterview mit den Familienmitgliedern über symptomzentriertes strukturelles Vorgehen, wie es von MINUCHIN und seinen Mitarbeitern entwickelt wurde, oder paradoxes Vorgehen, wie es SELVINI PALAZZOLI und ihre Mitarbeiter praktizieren, zu entscheiden. Sind die Familienmitglieder in der Lage, direkten Interventionen, logischen Erklärungen oder vernünftigen Vorschlägen, zu folgen, empfiehlt EPPLE symptomzentriertes strukturelles Vorgehen, wehren Familienmitglieder solche Interventionen ab, befürwortet sie paradoxes Vorgehen, beispielsweise Symptomverschreibungen.

Das vornehmliche Ziel von SELVINI PALAZZOLIS Behandlungsansatz besteht darin, der »identifizierten Patientin« zur Verwirklichung ihres geheimen Wunsches, eine autonome Erwachsene zu werden, zu verhelfen und dadurch auch ihr symptomatisches Verhalten abzubauen. SELVINI PALAZZOLI (1978, p. 152) schreibt:

»The first thing the therapist must do and which according to Hilde Bruch must guide his entire therapeutic attitude, is to make the patient see that she has the capacity to feel, to judge and to act as an individual and that she has the right to test herself against reality.«

Soll dieses Ziel erreicht werden, muß die starre Familienorganisation zum Einsturz gebracht werden, damit sich familiäre Interaktions- und Beziehungsmuster ändern können. Dazu kann es notwendig sein, verdeckte Koalitionen zwischen Elternteilen und Kindern aufzulösen und das elterliche und geschwisterliche Subsystem gegeneinander abzugrenzen.

SELVINI PALAZZOLI schlägt folgenden Behandlungsverlauf vor: Um die Familienmitglieder zur Teilnahme an Familiengesprächen zu motivieren, kann zunächst eine »therapeutische Beziehungsfalle« gestellt werden. Indem einerseits darauf verwiesen wird, daß Familiengespräche den Heilungsprozeß der Patientin fördern könnten, andererseits betont wird, daß sie vermutlich auch größere Probleme der Familie aufwerfen, werden die Familienmitglieder genötigt, an einer Familientherapie teilzunehmen, da familiäre Spielregeln das Eingeständnis familiärer Probleme, die über die Krankheit der Patientin hinausgehen, verbieten.

In der Anfangssitzung kündigt der Therapeut an, daß bei einem weiteren Gewichtsverlust der Anorektikerin ihre Hospitalisierung unumgänglich ist, um ihrem Gewicht im folgenden Behandlungsverlauf keine weitere Beachtung zu schenken. So vermeidet er es, die Rolle der Eltern zu übernehmen, von denen sich die Anorektikerin lösen soll, um autonom zu werden.

In der folgenden Zeit wird die Therapie, an der alle Familienmitglieder teilnehmen müssen, von einem Therapeuten durchgeführt, der den Mittelpunkt des Interaktionsgeschehens während der Sitzungen bildet. Seine Aufgabe ist es, eine möglichst neutrale Position zu bewahren, das heißt, sich nicht in das familiäre Systemgeschehen einzugliedern. Zu diesem Zweck enthält sich der Therapeut der Familie gegenüber aller Interpretationen und Stellungnahmen und aller Äußerungen, die als Wertung, Infragestellung oder Parteinahme verstanden werden könnten. Allerdings unterbricht er Sitzungen vielfach, um mit einem Supervisor, der die Sitzung beobachtet, über das Geschehen in der Sitzung zu sprechen.

Die Sitzungen finden im Abstand von einem bis eineinhalb Monaten statt. Dieser Zeitraum ist nach Meinung SELVINI PALAZZOLIS nötig, damit die therapeutischen Mittel wie paradoxe Verschreibungen und Familienrituale ihre Wirkung entfalten und sich Veränderungen in der Familie entwickeln und stabilisieren können.

Von Zeit zu Zeit werden Familienmitglieder getrennt behandelt. So könnte eine Sitzung, an der nur die Eltern teilnehmen und über deren Inhalt die Kinder nichts erfahren, dazu dienen, die Generationsgrenzen, die in diesen Familien häufig verwischt sind, zu betonen.

Jede Sitzung beginnt mit einer Informationserhebung, in der der Therapeut Hypothesen über familiäre Beziehungsmuster überprüft, modifiziert und weiterentwickelt, indem er jeweils ein drittes Familienmitglied über die Beziehung zweier anderer Mitglieder befragt, die Antworten verschiedener Familienmitglieder vergleicht und das nonverbale Verhalten der Familienmitglieder beobachtet (ROTH 1983). Interessant ist weniger das isoliert betrachtete Verhalten eines Familienmitglieds, dessen Bedeutung nur vermutet werden kann, sondern vielmehr sein beobachtbarer Effekt auf das familiäre System im »Hier und Jetzt«. SELVINI PALAZZOLI (1983, p. 41) meint:

> »Die Schwierigkeit ist, herauszufinden, was das Verhalten innerhalb der ›organisierten Komplexität‹ bedeutet. Wenn ich mir anstatt dessen den Kopf zermartere, *warum* etwa der arme Vater deprimiert ist und leidet, dann ist alles zu Ende.«

In der ersten Sitzung folgt eine paradoxe Intervention, durch die allen Familienmitgliedern symmetrische, gleichrangige Plätze im Familiensystem zugeordnet werden. Alles, was ein Familienmitglied tut, auch das symptomatische Verhalten der identifizierten Patientin, interpretiert der Therapeut als Ausdruck von Liebe und Sorge um die bedrohte Einheit der Familie. SELVINI PALAZZOLI (p. 45) definiert paradoxe Intervention als »eine vollständige Umkehrung der familialen Epistemologie (des Bildes, das die Familie von der Welt hat) in einer zirkulären Form«. Wichtig ist, daß die Botschaft, die der Therapeut dadurch vermittelt, nützlich ist, nicht daß sie wahr ist – zumal es SELVINI PALAZZOLI nicht für möglich hält, innerhalb des komplexen Familiensystems die Wahrheit zu ergründen. Indem der Therapeut beispielsweise das symptomatische Verhalten der Anorektikerin als »Opfer für die Familie« lobt oder ihr gar eine reduzierte Nahrungsaufnahme verschreibt, erreicht er, daß die Klientin ihr symptomatisches Verhalten aufgibt. Ist das Verhalten nämlich verschrieben, wird das, was bisher »Krankheit« war, zur spontanen Aktion, die die Klientin nicht mehr spontan ausführen kann, weil sie jetzt vorgeschrieben ist. Definiert SELVINI PALAZZOLI (1983, p. 41) das symptomatische Verhalten als »Opfer«, hofft sie, daß es die Klientin anschließend aus Ärger aufgeben wird. Sie meint hierzu:

> »Natürlich glaube ich niemals, daß der Patient sich für die Familie opfert. Diese willkürliche Interpretation ist ganz sicher nicht wahr, denn der Patient ist voller Haß auf die Familie. Aber: er verliert aufgrund dieser positiven Bewertung das Symptom. Denn dadurch sage ich ihm: Du bist sehr, sehr dumm.«

Im weiteren Behandlungsverlauf sollten nach SELVINI PALAZZOLI weitere Interventionsmaßnahmen zur Neustrukturierung des Familiensystems mit dem Ziel durchgeführt werden, die Abwertung von Mitteilungen eines Familienmitglieds durch andere Mitglieder zu verhindern oder Familienmitglieder dazu zu motivieren, die Führung innerhalb des Systems zu übernehmen oder verdeckte Koalitionen zu intensivieren, um sie anschließend aufzuheben oder die Familienmitglieder durch eine positive Bewertung ihres Verhaltens von einer Verschiebung der »Schuld« auf andere Mitglieder abzuhalten.

Jede Sitzung endet mit einer Verschreibung, zum Beispiel dem Auftrag, ein Familienritual durchzuführen. Zur Durchführung treffen sich alle Familienmitglieder zur vorgeschriebenen Zeit an einem vorgeschriebenen Platz, um den gemeinsamen Auflagen, die ihnen der Therapeut gab, nachzukommen. SELVINI PALAZZOLI (1978, p. 238) erklärt die Wirkung des Rituals folgendermaßen:

> »We have found that the physical enactment of a ritual is infinitely more productive of positive change than any form of verbalization can hope to be. [...] But by uniting the whole family in a carefully prescribed ritual [...], we were able to introduce a powerful collective motive and hence a new *normative system*. In that sense the ritual may be said to work because it persuades the whole group to strive towards a common goal.«

Das Ritual gleicht einem neuen Spiel, das sein altes, pathologisches Familienspiel ersetzen soll.

Interventionsmaßnahmen sind dann richtig gewählt und die Therapie kann nach Ansicht SELVINI PALAZZOLIS (1983) dann als erfolgreich bewertet werden, wenn die »identifizierte Patientin« ihre anorektischen Symptome aufgibt.

MINUCHINS, ROSMANS & BAKERS (1981) Behandlungsansatz beinhaltet eine stationäre und eine ambulante Therapiephase. Die stationäre Behandlung der Anorektikerin dient dem kurzfristigen Ziel der Symptombeseitigung, insbesondere der Veränderung ihres Eßverhaltens und der Gewichtsrestitution. Dafür sprechen
– die ernste Gefahr, die ein Weiterbestehen der Symptomatik für das Leben der identifizierten Patientin bedeuten würde,
– die Aufhebung der familiären Starrheit und Homöostase als Konsequenz der Symptombeseitigung, die andere Konflikte der Familie sichtbar werden läßt,
– die Entlastung der Familienmitglieder, die aus der Symptombeseitigung resultiert und es ihnen ermöglicht, sich der Bearbeitung anderer Konflikte zuzuwenden.

Die langfristige ambulante Behandlung, in die alle Familienmitglieder einbezogen werden sollen, dient dem mittelfristigen Ziel, familiäre Interaktionsmuster und Beziehungen der Familienmitglieder zu verändern, womit eine Veränderung der Positionen einzelner Familienmitglieder im Familiensystem einhergeht.

MINUCHIN, ROSMAN & BAKER (1981) schildern folgenden Behandlungsverlauf:

Bei der stationären Therapie finden periodisch gemeinsame Essen von Therapeut und Anorektikerin statt, bei denen der Therapeut versucht, eine Beziehung zu dem Mädchen aufzubauen, in der kein Machtkampf wegen des Essens besteht. Mit Hilfe eines operanten Konditionierungsprogrammes, dessen Sinn, nämlich vernünftiges Haushalten mit ihrem Energievorrat, der Klientin genau erklärt wird, soll sie gleichzeitig an Gewicht zunehmen, aber auch ein Gefühl der Autonomie und Verantwortung für ihren physischen Zustand entwickeln.

Beim Übergang von der stationären zur ambulanten Behandlung findet ein Familientherapie-Essen statt. Die Ziele bestehen hier darin,
– Essen neu zu definieren und zwar als Angelegenheit der Anorektikerin (nicht der Eltern), über die sie selbst frei entscheiden kann,
– das Eßproblem neu zu definieren als interpersonelles Kommunikationsproblem, als jugendlicher Kampf mit den Eltern um Autonomie und Kontrolle,
– den Eltern auch durch die Symptombeseitigung die Möglichkeit zu nehmen, das Eßverhalten ihrer Tochter zu benutzen, um ihre Konflikte miteinander zu verdecken.

Die Anorektikerin wird aus der Klinik entlassen, wenn sie ⅓ bis ½ des verlorenen Gewichts wiedergewonnen hat.

In ihrer ambulanten Weiterbehandlung wird ein Verstärkerprogramm eingesetzt, das einen Rückfall in das alte Eßverhalten verhindern soll.

Am Ende der Behandlung finden wöchentliche Familientherapiesitzungen, Einzeltherapiesitzungen mit der Anorektikerin und gegebenenfalls Paartherapiesitzungen für die Eltern statt.

In Familientherapiesitzungen bemüht sich der Therapeut, eine starke persönliche Beziehung zu allen Familienmitgliedern aufzubauen, er beteiligt sich an familiären Interaktionen und macht sich oftmals zum Verbündeten eines Familienmitglieds oder zum Regisseur des ganzen Geschehens. Dies setzt voraus,

»daß er die Stärken der Familie anerkennt und fördert: Er respektiert die geltende Hierarchie und die Wertvorstellungen der Familie, er stützt die bestehenden Subsysteme, er bestätigt die einzelnen Mitglieder in ihrer Selbsterfahrung. Er übernimmt die Führung, indem er sich als Fachmann einführt, die Regeln des Systems festlegt, den Fluß der Transaktionen aufmerksam verfolgt, Dyaden organisiert oder aus dem Gleichgewicht bringt, die einzelnen Mitglieder stützt oder unter Druck setzt und ganz allgemein zusammen mit den Familienmitgliedern deren Sicht der Wirklichkeit erkundet und vielversprechende Alternativen anbietet.« (MINUCHIN, ROSMAN & BAKER 1981, p. 116)

Für die Familie ist er zugleich ein Führer, der die Regeln der Therapiesitzungen und damit auch ihre Intensität bestimmt, und ein Heiler, der die systemischen Zusammenhänge versteht und die Dynamik familiärer Entwicklungsprozesse kennt. Als Techniker wählt er die richtige Strategie und benutzt sich selbst als Instrument, um die Familie mit sich selbst zu konfrontieren, eine Krise zu erzeugen und sie durch die Krise zu führen (HOFNER 1978) – etwa, wenn er beim Familientherapie-Essen deutlich macht, daß die Probleme der Anorektikerin und der gesamten Familie wenig mit Essen zu tun haben, um das zu behandelnde Problem neu zu formulieren. Er

»greift die Realitäten an, die für diese Familie gelten, er [...] wandelt das Problem um. Es lautet nun [...] folgendermaßen [...]: ›Eltern und Tochter sind in einen Kampf um Fragen der Kontrolle miteinander verwickelt.‹ [...] Dieses therapeutische Arangement aktiviert Konflikte im Zusammenhang mit Autonomie und Kontrolle, die über den Bereich des Essens hinausgehen« (MINUCHIN, ROSMAN & BAKER, p. 118).

Die Maßnahmen, die MINUCHIN, ROSMAN & BAKER zur Umstrukturierung des Familiensystems vorschlagen, beziehen sich auf vier Merkmale, die sie bei Familien von Anorektikerinnen beobachteten:

1. *Angriffe auf die Verstrickung:* Sie dienen der hierarchischen Organisierung der Familie, der Abgrenzung der Subsysteme und dem Schutz des Spielraums einzelner Familienmitglieder – damit letztendlich auch ihrer Autonomie. Dabei achtet der Therapeut darauf, daß jedes Familienmitglied nur über sich selbst, nicht für oder über andere spricht, ohne daß diese anderen am Gespräch beteiligt wären. Daneben soll jedem Gelegenheit gegeben werden, sich im Rahmen seiner Möglichkeiten verhalten und entfalten zu können – wozu MINUCHIN, ROSMAN & BAKER (1981) zuweilen auch die räumlichen Positionen der Familienmitglieder im Raum verändern. Wichtig ist, daß der Therapeut nicht nur Verhalten, durch das sich die Familienmitglieder selbst und gegenseitig einschränken, unterbindet, sondern vor allem, daß er ein selbständiges, kompetentes Verhalten aller Familienmitglieder hervorhebt und lobt.

2. *Angriffe auf die Überfürsorglichkeit:* Der Therapeut greift mahnend ein, wenn sich Familienmitglieder in die Angelegenheiten eines anderen einmischen, um zu verdeutlichen, daß jedes Familienmitglied ein Recht auf den Versuch hat, seine Angelegenheiten selbst zu bewältigen und auch ein Recht darauf, daß dieser Versuch womöglich fehlschlägt.

3. *Angriffe auf die Tendenz zur Konfliktvermeidung:* Hier wird verhindert, daß sich andere »helfend« einmischen, um Konflikte zwischen Familienmitgliedern zu verdecken. Gleichzeitig fördert der Therapeut Konflikte, die zwischen den Ehepartnern schwelen.

4. *Angriffe auf die Starrheit des Familiensystems:* Diese bestehen in der Verlängerung und Dramatisierung von Konfliktsituationen mit dem Ziel,

die Krise der Familie als Voraussetzung ihrer Neustrukturierung und der dauerhaften Veränderung familiärer Interaktionsmuster zu fördern.

Familientherapie und Therapie der Anorektikerin werden beendet, wenn sich ihr Eßverhalten normalisiert hat und ihr Normalgewicht wiederhergestellt ist.

Als Ergebnis ihres Therapieverfahrens, in dem verhaltens- und familientherapeutische Methoden kombiniert sind, geben MINUCHIN, ROSMAN & BAKER eine »Heilungsquote« von 86% der Anorektikerinnen an. EPPLE (1984) berichtet, daß bei einer Nachuntersuchung nach ½ bis 2½ Jahren 17 Jugendliche, die nach MINUCHINS strukturellen oder SELVINI PALAZZOLIS systemischem Ansatz behandelt wurden, ihr altersgemäßes Normalgewicht wiedererreicht hatten. Acht Mädchen waren amenorrhoisch, ein Mädchen erbrach sich gelegentlich. Alle Behandelten gingen zur Schule oder waren berufstätig. Während sich 15 von ihren Familien gelöst und in ihre altersgemäße Bezugsgruppe integriert hatten, waren zwei noch unangemessen in ihre Familien eingebunden. Sechs Mädchen zeigten auffällige Eßverhaltensweisen. In jedem Fall wurden maximal zehn Familientherapiesitzungen und etwa gleich viele Einzelkontakte angeboten.

4.4.2 Diskussion

Familientherapeutische Ansätze enthalten eine Kombination aus »individueller Problembeschreibung und systemischer Familienanalyse«, bei denen es sich laut SELVINI PALAZZOLI »um zwei verschiedene, jedoch stets ›ineinander enthaltene‹ Betrachtungsebenen« handelt (RUNGE 1981, p. 65). Die systemische Sichtweise eröffnet die Chance, symptomatisches Verhalten eines Individuums – hier: der Anorektikerin – aus unterschiedlichen Perspektiven zu beobachten und zu bewerten, es auf dem Hintergrund gesellschaftlicher und familiärer Normen zu beurteilen. Verhalten, das, isoliert gesehen, als Abweichung von einer abstrakten Norm beurteilt werden kann, mag, eingebettet in die Interaktionen innerhalb einer Familie, als »normal« oder gar als kreative Leistung erscheinen.

Das »systemische Modell« scheint eher eine Erweiterung des alten »linearen Paradigmas« als eine wirkliche Neuerung zu sein. An die Stelle der pathologischen Entwicklung einer Einzelperson mit spezifischen Persönlichkeitsmerkmalen, die sich unter besonderen Umweltbedingungen entwickelt haben, tritt in familientherapeutischen Ansätzen die pathologische Entwicklung einer Personengruppe mit spezifischen Verhaltensmerkmalen, die sich wechselseitig bedingen und in ihrer Summe als Systemmerkmale wahrgenommen werden. An die Stelle linearer Reiz-

Reaktions-Verbindungen treten deren Wechselwirkungen, tritt die Annahme, daß alle Mitglieder des betroffenen Systems zugleich agieren und reagieren innerhalb dieses Systems, dessen Regeln und Struktur sie durch ihre (Re-)Aktionen mitgestaltet haben und verändern können.

Durch die Erweiterung des Sichtfeldes innerhalb familientherapeutischer Ansätze ist es möglich, das psychologische Handlungsfeld von der Einzelbehandlung einer anorektischen Klientin auf die gemeinsame oder getrennte Behandlung aller Familienmitglieder auszudehnen.

In verschiedenen familientherapeutischen Ansätzen werden unterschiedliche Aspekte der anorektischen Symptomatik hervorgehoben, es werden verschiedene Hypothesen zur Anorexie-Ätiologie gebildet und das symptomatische Verhalten der »identifizierten Patientin« wird unterschiedlich klassifiziert. Dies mag zum Teil darauf zurückzuführen sein, daß die umfassende Perspektive dieser Ansätze dazu geeignet ist, umfangreiches Beobachtungsmaterial zusammenzutragen, welche eine Vielfalt unterschiedlicher Interpretationen provoziert. Es werden aber auch unterschiedliche Orientierungen von Familientherapeuten an Psychoanalyse, Verhaltenstherapie und Kommunikationstheorie deutlich.

Gemeinsamkeiten finden sich am ehesten in den Beschreibungen familiärer Organisations- und Interaktionsmuster. Bisher liegen jedoch keine allgemein anerkannten Vorschläge zur Operationalisierung familiärer Merkmale vor. Es fehlen klare Entscheidungsregeln darüber, welche Merkmale oder Merkmalskombinationen in welcher Ausprägung vorhanden sein müssen, damit man von der »typischen« Anorexie-Familie sprechen kann. Grenzen zwischen »normalen« und »pathogenen« familiären Interaktionsformen sind nicht definiert.

Überfürsorglichkeit, gegenseitige Kontrolle, Aufhebung der Generationsgrenzen, Konfliktvermeidung, -verdeckung und -umleitung in der Familie sind nach Ansicht SELVINI PALAZZOLIS, MINUCHINS und anderer Familientherapeuten an der Entwicklung der Anorexia nervosa beteiligt. Aus vorliegenden Untersuchungen der Familiendynamik kann jedoch nicht erschlossen werden, inwiefern diese Merkmale zur Entwicklung oder Aufrechterhaltung der anorektischen Symptomatik beitragen oder eine Reaktion auf die Erkrankung der »identifizierten« Patientin darstellen.

Die Frage, warum ein Kind unter den beschriebenen Umständen innerhalb des Familiensystems gerade Anorexia nervosa und keine andere psychische oder psychosomatische Störung entwickelt, kann nur bei Zuhilfenahme von Zusatzhypothesen aus psychoanalytischen, verhaltenstherapeutischen oder anderen Ansätzen beantwortet werden. Aussagen zur Differentialätiologie der Anorexia nervosa, etwa von MINUCHIN, ROSMAN & BAKER (1981), sind widersprüchlich. Während MINU-

CHIN und seine Mitarbeiter die Organisation der Familie, in der die Anorektikerin aufwächst, einmal als unspezifisch darstellen und in Anlehnung an die Lerntheorie vermuten, daß die anorektische Symptomwahl auf die Modellfunktion eines anderen, mit ähnlichen somatischen und behavioralen Symptomen behafteten Familienmitglieds zurückzuführen ist, bezeichnen sie die anorektische Symptomwahl an anderer Stelle als typisch für die Art und Weise, wie sich die gesamte Familie verhält.

Es werden zwar Hypothesen zur Ätiologie individuellen Verhaltens innerhalb des Familiensystems aufgestellt, es liegen aber kaum Aussagen zur Ätiologie der Systemstörung im soziokulturellen Kontext vor.

Vermutlich sind in verschiedenen Familien mit einem anorektischen Mitglied unterschiedliche Beziehungskonstellationen, Interaktionsregeln und -muster vorzufinden. Beispielsweise könnten Unterschiede zwischen »intakten« und »Familien in Auflösung«, zwischen den Herkunftsfamilien von Anorektikerinnen und Familien, die erwachsene Anorektikerinnen selbst gegründet haben, bestehen. Fraglich ist, ob beispielsweise die von MINUCHIN und seinen Mitarbeitern untersuchte Stichprobe die Gesamtheit von Familien mit einem anorektischen Mitglied repräsentiert, zumal sich diese Stichprobe dadurch auszeichnet, daß herkömmliche Behandlungsversuche bei den Anorektikerinnen fehlgeschlagen waren und daß die Familien intakt waren. Angesichts der Komplexität von Familiensystemen kann nicht ausgeschlossen werden, daß weitere relevante Beziehungs- und Interaktionsmuster bisher gar nicht entdeckt wurden. Es kann zudem nicht ausgeschlossen werden, daß sich Familien, in denen ein Mitglied anorektische Symptome entwickelt hat, durch andere Merkmale auszeichnen als Familien, in denen ein Mitglied seit längerer Zeit anorektisch ist. Obwohl bekannt ist, daß sich das Verhalten der Familienmitglieder und die Qualität familiärer Beziehungen im Störungsverlauf ändern (HOFNER 1978), wurde der Einfluß spezifischer Veränderungsverläufe auf die Prognose der Störung bisher kaum untersucht. (Eine Ausnahme bildet eine Untersuchung von CRISP et al. von 1977.) Gerade im Hinblick auf eine differentielle und adaptive Indikationsstellung ist jedoch differentialprognostisches Wissen, wie es entsprechende Untersuchungen liefern könnten, unverzichtbar.

Während SELVINI PALAZZOLI und ihre Mitarbeiter keine Angaben zur differentiellen Indikation familientherapeutischer Maßnahmen in Abhängigkeit von der Besonderheit und dem momentanen Zustand des einzelnen Familiensystems machen – was eine Konsequenz von SELVINI PALAZZOLIS Überzeugung sein mag, daß die komplexen Vorgänge innerhalb der Familiensysteme unser Vorstellungsvermögen übersteigen –, schlagen MINUCHIN und seine Mitarbeiter vor allem im Hinblick auf das

Alter anorektischer Personen verschiedene Behandlungsmöglichkeiten vor.

Ungeklärt ist die Frage, in wie vielen Fällen alle Familienmitglieder bereit sind, an einer Therapie teilzunehmen – was SELVINI PALAZZOLI ausdrücklich verlangt, wenn sie mit anorektischen Klientinnen arbeitet – und die Frage, ob es auch und wie es möglich ist, mit einem Teil der Familie einer Anorektikerin oder nur mit der Anorektikerin systemorientiert zu arbeiten.

Die Bereitschaft anderer Familienmitglieder, sich mit den Problemen der Anorektikerin auseinanderzusetzen und einen eigenen Beitrag zur Beseitigung der Störung zu leisten, besteht höchstwahrscheinlich nicht in allen betroffenen Familien. Eine solche Bereitschaft ist aber Voraussetzung für die Teilnahme an einer Familientherapie. Es ist zu vermuten, daß sich eine spezifische Gruppe von Familien in familientherapeutische Behandlung begibt, die im Vergleich zu anderen Familien von Anorektikerinnen noch relativ veränderungswillig ist.

Die Möglichkeiten einer ausgedehnten Problem- und Bedingungsanalyse, der Bestimmung vielfältiger Therapieziele, die nicht nur die Anorektikerin betreffen, und der differenzierten Evaluation der Interventionseffekte bei einzelnen Familienmitgliedern und dem gesamten Familiensystem, welche sich durch die Teilnahme aller Familienmitglieder an der Behandlung anbieten, scheinen SELVINI PALAZZOLI und ihre Mitarbeiter kaum zu nutzen. Vielmehr scheinen sie die Familienbehandlung bereits in der Überzeugung aufzunehmen, daß die Störung eines Familienmitglieds auf die Starrheit des Familiensystems zurückzuführen ist, ohne sich *wirklich* für die Problemsicht der einzelnen Familienmitglieder zu interessieren. Da ihr bereits im voraus festgesetztes Ziel darin besteht, die Familie mit neuartigen Erfahrungen, durch die die Starrheit des Systems aufgehoben werden soll, zu konfrontieren, erklären sie ihr therapeutisches Vorgehen nicht und akzeptieren keine Diskussion. Sie senden verdeckte Botschaften, die einzelnen Familienmitgliedern nur die Wahlmöglichkeit lassen, sich zu ändern oder die Therapie abzubrechen.

Der Klient, der die Autorität des Familientherapeuten anerkennt, hat keine andere Wahl als die, sich dessen Vorstellungen ensprechend zu verhalten. CLEMENZ (1983, p. 42) wirft SELVINI PALAZZOLI vor, sie scheine ihre Klienten als »beobachtbare und manipulierbare Objekte« und kaum als »kommunizierende Subjekte [...], mit denen man sich – im Idealfall gleichberechtigt – verständigen und einigen kann«, zu betrachten. GEISSNER & NEPPL (1978) sprechen in diesem Zusammenhang von Entmündigung.

Die manipulatorische Absicht, in der SELVINI PALAZZOLI und ihre Mitarbeiter Klienten gegenübertreten, ist nicht nur bedenklich im Hin-

blick auf ethische Normen. Sie ist auch unvereinbar mit Selvini Palazzolis Anspruch, insbesondere die Autonomie der Anorektikerin zu
erhöhen. Und sie ist problematisch, weil Selvini Palazzoli und ihre
Mitarbeiter zwar eine Veränderung familiärer Interaktionsmuster anstreben, sich jedoch nicht dafür zu interessieren scheinen, welcher Art diese
Veränderungen sind und wie sie sich auf das Erleben einzelner Familienmitglieder auswirken. Selvini Palazzoli meint:

>wenn ich dazu fähig bin, unterbreche ich dieses sich repetierende Spiel [der
Familie]. Hernach bin ich nicht daran interessiert, noch zu bestimmen, was
eine gute Familie ist. Ich weiß es nicht. [...]
    Wir sind nicht dafür verantwortlich, Richtlinien zu geben, sondern bloß zu
befreien, wenn wir dazu gebeten werden.« (Barrows 1983, p. 264 f)

Einziger Indikator des Therapieerfolgs scheint für sie die Tatsache zu
sein, daß die Anorektikerin ihre Symptome aufgibt. Welche Emotionen
eine derart massive Veränderung des Familiensystems, wie sie Selvini
Palazzoli und ihre Mitarbeiter anstreben, auslöst, welche Kognitionen
damit verbunden sind, in welcher Weise die Familie aus dieser Erfahrung
lernt, scheint sie nicht zu interessieren. Auf den Anspruch, das Selbsthilfepotential der Familie zu erhöhen, scheint Selvini Palazzoli zumindest im Hinblick auf die Fähigkeit der Familie, sich selbst planvoll zu
verändern und an neue Situationen anzupassen, zu verzichten. Entsprechend unternimmt sie gar nicht erst den Versuch, Familienmitgliedern
Einsichten in die Wechselwirkungsprozesse innerhalb von Familiensystemen zu vermitteln. Sie selbst beschreibt den Effekt ihrer Behandlung
folgendermaßen:

»Die Familie macht eine befreiende Erfahrung durch. Alle fühlen sich besser,
aber sie können es nicht erklären« (Barrows 1983, p. 264).

Im Unterschied dazu klären Minuchin und seine Mitarbeiter Familienmitglieder, insbesondere die Anorektikerinnen, zumindest in einzelnen Phasen des Therapieprozesses über Sinn und Zweck der Interventionsmaßnahmen auf, sie weisen sie auf ihre Eigenverantwortlichkeit hin
und beteiligen sie an der Planung einzelner Behandlungsschritte. Indem
Minuchin klare Verhaltensanweisungen an die Familienmitglieder rich-
tet und erwünschtes Verhalten nachdrücklich verstärkt, *expliziert* er
Verhaltensnormen, die sich die Familienmitglieder im Idealfall zu eigen
machen und von denen zu vermuten ist, daß ihre Einhaltung das Familiensystem auch dazu befähigt, auf zukünftige Krisen angemessen zu
reagieren.
    Gerade angesichts der Komplexität des Familiensystems ist die Gefahr
nicht zu unterschätzen, daß ein einzelner Therapeut wichtige Probleme

und Problembedingungen übersieht, daß er bei der Planung der Intervention mögliche Ziele vernachlässigt und Nebenwirkungen außer acht läßt, daß er aus dem reichen Methodeninventar, welches Familientherapeuten zur Verfügung steht, nicht planvoll sondern willkürlich bestimmte Maßnahmen auswählt, ohne sich der Alternativen und möglichen Konsequenzen bewußt zu werden, und daß er einen Teil der Effekte seines Handelns auf den verschiedenen Systemebenen, bei einzelnen Personen, Koalitionen und in der Gesamtfamilie übersieht oder falsch einschätzt. Der Erfolg seiner Arbeit hängt vermutlich nicht nur von seiner Kreativität oder von seiner charismatischen Ausstrahlung ab, die Familientherapeuten häufig zugeschrieben werden, sondern vor allem von seiner Fähigkeit und Bereitschaft, sein eigenes Handeln effektiv zu planen, seine Pläne kontrolliert zu verwirklichen und die Effekte der eigenen Interventionen kritisch zu reflektieren. Hier kann die Zusammenarbeit und Rücksprache mit Kollegen, die ja sowohl von SELVINI PALAZZOLI als auch von MINUCHIN vorgeschlagen wird, eine Hilfe sein.

Gerade MINUCHIN und seinem Team werden vielversprechende, rasche Erfolge in der Behandlung der Anorexia nervosa zugute gehalten, die sich allerdings auf die Beseitigung anorektischer Symptome beziehen. Eine differenzierte Untersuchung der Auswirkungen von Familientherapie auf das Erleben und Verhalten jedes einzelnen Familienmitglieds und auf die langfristige Veränderung familiärer Interaktionsmuster liegt bisher nicht vor.

Auch familientherapeutische Ansätze lassen eine Berücksichtigung gesellschaftlicher Entwicklungsbedingungen der Anorexia nervosa weitgehend vermissen. SCHRETTER (1981, p. 69) sieht bei familientherapeutischen Ansätzen allgemein die

»Gefahr, daß der Teufel mit dem Beelzebub ausgetrieben wird. Sofern die Psychotherapie nicht endgültig Abschied nimmt von einem individualistischen, stigmatisierenden Krankheitsbegriff, kann es passieren, daß sich lediglich das Etikett verändert: Die Familie, nicht mehr das Individuum, hat jetzt das Problem, und über diesen Horizont wird nicht hinausgeschaut.«

Zwar sehen Familientherapeuten wie STIERLIN (1982) die Entwicklung psychosomatischer Störungen von Kindern und Jugendlichen auch im Zusammenhang mit den besonderen Lebensbedingungen in Kleinfamilien, zwar erwähnt SELVINI PALAZZOLI (1978) die Orientierung von Familien mit anorektischen Mitgliedern an patriarchalischen Werten und verweist auf die Probleme, die sich für weibliche Familienmitglieder aus widersprüchlichen Rollenerwartungen ergeben, diese Beobachtungen verleiten sie jedoch nicht dazu, neben den Veränderungen des Familiensystems auch Veränderungen des Gesellschaftssystems vorzuschlagen oder anzustreben. Ist Psychoanalytikern und Verhaltenstherapeuten vorgeworfen worden, daß sie mit der Behandlung von Anorektikerinnen nur den Versuch unternehmen, Symptome eines gestörten Familiensystems zu beseitigen, ohne die wirklichen Ursachen der Störung zu beheben, liegt bei der Familientherapie der Verdacht nahe, daß sie mit der Behandlung des gestörten Familiensystems nur die Symptome des gesamten gestörten Gesellschaftssystems kuriert und damit gesellschaftliche Mißstände zudeckt, die eigentlich verändert werden müßten, um weiterer Störungen von Familiensystemen präventiv entgegenzuwirken.

4.4.3 Zusammenfassung

Familientherapeutische Erklärungsansätze der Anorexia nervosa gehen von der Annahme aus, daß Verhaltensmerkmale der Anorektikerin den Merkmalen ihres Familiensystems entsprechen und durch die Veränderung der familiären Struktur, Interaktionsregeln und -muster beeinflußt werden können. Die Entwicklung der Anorexia nervosa wird unter Zuhilfenahme von Annahmen aus verhaltenstherapeutischen und psychoanalytischen Ansätzen erklärt und als »gesunde Reaktion« eines Individuums auf ein »krankes System« gewertet. Zwar ermöglicht der systemorientierte Ansatz die Bildung einer Vielzahl von Hypothesen zu Problemen und Problembedingungen, in der Praxis scheint sich das Interesse von Familientherapeuten jedoch auf die Analyse und Veränderung familiärer Interaktions- und Beziehungsmuster im Hier und Jetzt zu beschränken. Einsicht in die eigene Entwicklung können zusätzliche Einzelbehandlungen von Familienmitgliedern bieten, in denen auch den Auswirkungen von Veränderungen des Familiensystems auf die Gefühle und Kognitionen einzelner Personen mehr Beachtung geschenkt werden kann, als dies in familientherapeutischen Sitzungen – vor allem bei SELVINI PALAZZOLI und ihren Mitarbeitern – der Fall zu sein scheint. Familientherapeutische Interventionsmaßnahmen zeichnen sich zum Teil durch eine bedenkliche Rigorosität aus, da sie darauf ausgerichtet sind, Familien von Anorektikerinnen durch Konfrontation mit unerwarteten Ereignissen und neuen Erfahrungen in eine Krise zu führen, die als Voraussetzung von Veränderungen des starren Familiensystems gilt. Nur eine umfassende Analyse der spezifischen Bedingungen innerhalb jeder einzelnen Familie und eine sorgfältige Planung einzelner therapeutischer Schritte scheint den Erfolg familientherapeutischer Interventionsmaßnahmen, etwa paradoxer Interventionen, zu garantieren. Trotzdem bleibt der Einsatz dieser Maßnahmen insofern problematisch, als sie zwar Veränderungen des Familiensystems bewirken, zum großen Teil jedoch

	Psychoanalytische Ansätze	Feministische Ansätze	Verhaltenstherapeutische Ansätze	Familientherapeutische Ansätze
Nosologie	orale Störung sexuelle Störung Regressionsform, Neurose oder Psychose	frauenspezifische Störung, soziale Neurose, psychosomatische Störung	Störung des Eßverhaltens, Eß- oder Gewichtsphobie	Symptom einer Systemstörung, psychosomatische Störung
Symptomatik	gestörte Körperwahrnehmung, gestörtes Körperbild, Ineffektivitätsgefühl, gestörtes Eßverhalten	mangelndes Selbstbewußtsein, Unselbständigkeit, Konflikt- und Aggressionsscheu, Opferhaltung, sexuelle Störung, gestörtes Eßverhalten	gestörtes Eßverhalten gestörtes Sozialverhalten	starre Familienstruktur, Aufhebung der Generationsgrenzen, Bildung verdeckter Koalitionen, starke Bindung der Angehörigen an die Familie, Pseudosolidarität, Konfliktverdeckung, anorektische Symptome eines Familienangehörigen
Ätiologie	traumatische frühkindliche Erfahrungen, orale Fixierung, defizitäres Selbstbild, mangelnde Ich-Stärke, ambivalente, symbiotische Beziehung zur Mutter, angstauslösende pubertäre Konflikte und bulimische	geschlechtsspezifische gesellschaftliche Rollenerwartungen	Umweltbedingungen, Verhalten von Familienmitgliedern und relevanten Bezugspersonen, biologische Merkmale, Einstellungen, Lernprozesse	starre Familienstruktur, Aufhebung der Generationsgrenzen, Bildung verdeckter Koalitionen, starke Bindung der Angehörigen an die Familie, Pseudosolidarität, Konfliktverdeckung,

	psychoanalytisch	feministisch	verhaltenstherapeutisch	familientherapeutisch
	Triebdurchbrüche, Regression, scheinbare Angstfreiheit und Eigenständigkeit, Aufrechterhaltung der symbiotischen Beziehung von Mutter und Tochter, Selbstbestrafung			Essen als Interaktionsmedium, Eßstörung eines anderen Familienmitglieds, Vermeidung struktureller Veränderungen infolge der altersgemäßen Ablösung der Kinder aus der Familie, Einbettung des Symptoms ins Familiensystem
Indikation	psychoanalytische Einzeltherapie der Anorektikerin, Ziel: Persönlichkeitsentwicklung, parallele Behandlung der Mutter, Familientherapie	Einzeltherapie der Anorektikerin, Ziel: Persönlichkeitsentwicklung, Selbsthilfegruppen für Frauen mit Eßstörungen	stationäre Verhaltenstherapie der Anorektikerin, Ziel: Veränderung des Eßverhaltens, ambulante Verhaltenstherapie der Anorektikerin, Ziel: Veränderung des Sozialverhaltens, Familientherapie	Einzeltherapie der Anorektikerin, Familientherapie, Partnertherapie der Eltern, Ziele: Beseitigung der individuellen und der Systemstörung, Veränderung familiärer Interaktion, Förderung der Individuation

Abbildung 17. Überblick über Bestimmung, Erklärung und Behandlung der Anorexia nervosa in psychoanalytischen, feministischen, verhaltens- und familientherapeutischen Ansätzen.

nicht dazu geeignet sind, das Verständnis der einzelnen Familienmitglieder für die Prozesse innerhalb des Familiensystems zu erhöhen, so daß diese nicht dazu befähigt werden, zukünftig selbst planvoll auf das Familiensystem einzuwirken. Der Ansatz von MINUCHIN und seinen Mitarbeitern stellt hier insofern eine Ausnahme dar, als von ihnen zumindest zeitweilig der Versuch unternommen wird, therapeutische Maßnahmen zu explizieren und klare Verhaltensregeln zu formulieren, von denen vermutet wird, daß sie das reibungslose Funktionieren des Familiensystems garantieren. Familientherapeutische Ansätze stellen hohe Anforderungen an Therapeuten, die mit einer Vielzahl von Problemen konfrontiert werden, eine Vielzahl von Bedingungshypothesen bilden und überprüfen können, zwischen zahlreichen Interventionsebenen wählen und verschiedene Interventionen miteinander koordinieren müssen, denen ein reichhaltiges Methodeninventar zur Verfügung steht und die eine Vielfalt von Auswirkungen ihrer Interventionen und deren Wechselwirkungen zu berücksichtigen haben. Bedauerlicherweise haben weder SELVINI PALAZZOLI noch MINUCHIN bisher den Versuch unternommen, ausführliche und detaillierte Angaben zur differentiellen Indikation einzelner familientherapeutischer Interventionsmaßnahmen zu machen – allerdings verweisen sie auf die Vorteile der Teamarbeit, die in der Therapie von Familien mit einem anorektischen Mitglied fast eine Notwendigkeit zu sein scheint. Vermutlich wäre hier die Orientierung an einem therapeutischen Handlungsmodell für Praktiker von hohem Nutzen. Gerade bei jungen Anorektikerinnen, bei denen abzusehen ist, daß sie noch längere Zeit in ihrer Herkunftsfamilie leben werden, scheint eine Familientherapie angezeigt und – zumindest im Hinblick auf die Beseitigung anorektischer Symptome – auch erfolgversprechend zu sein.

4.5 Überblick

Abbildung 17 vermittelt einen Überblick über Bestimmung, Erklärung und Behandlung der Anorexia nervosa in psychoanalytischen, feministischen, verhaltens- und familientherapeutischen Ansätzen.

5 Differentielle, adaptive Integration therapeutischer Maßnahmen

Beim Vergleich schulenspezifischer Bestimmungs-, Erklärungs- und Behandlungsansätze zur Anorexia nervosa, die sich an verschiedenen Störungsmodellen orientieren, fallen Unterschiede und Parallelen ihrer Zuordnung zu einer bestimmten Störungsgruppe, in der Darstellung ihrer Symptomatik, ihrer Pathogenese und ihres Verlaufs und in den Therapieempfehlungen auf.

Gemeinsam ist psychoanalytischen, verhaltens- und familientherapeutischen Ansätzen, daß Überschneidungen der Anorexia nervosa mit anderen Störungsformen, interindividuelle Unterschiede und intraindividuelle Veränderungen bei Anorektikerinnen, aber auch Unterschiede zwischen Familien von Anorektikerinnen und Veränderungen von Familiensystemen und soziokulturelle Bedingungen der Anorexieentwicklung, auf die epidemiologische Untersuchungsergebnisse hinweisen, kaum thematisiert werden.

Nach einem Vergleich psychoanalytischer, familientherapeutischer, verhaltenstherapeutischer und medizinischer Ansätze gelangte BEMIS (1978, p. 611) zu folgender Einschätzung:

>»Anorexia nervosa has often been viewed as a complex riddle with a single elusive answer. Many different theories have attempted to provide solutions to the enigma by translating its terms to fit their own schemata, selectively emphasizing those facets that support the favored interpretation and subordinating those that are problematic. [...] It is unlikely that any single theoretical system will ever be able to account for all aspects of the disorder on the basis of a unifocal approach to etiology or treatment. [...] The contributions of all areas must be incorporated into an understanding of anorexia nervosa that recognizes multiple factors of causation and utilizes a range of treatment modalities.«

Eine Integration schulenspezifischer Erklärungs- und Behandlungsansätze liegt nahe, wenn man wie FITTKAU (1982) davon ausgeht, daß sich verschiedene psychologische Richtungen nicht gegenseitig ausschließen, sondern daß sie vielmehr verschiedene Teilbereiche oder Dimensionen menschlicher Existenz berühren, in denen sich eine Störung manifestieren kann. Von daher ist anzunehmen, daß ihre sinnvolle gegenseitige Ergänzung eine ganzheitliche Betrachtung des Menschen begünstigt. Welche praktischen Implikationen die ausschließliche Orientierung von Psychologen an einer psychotherapeutischen Richtung und den in ihr vorgegebenen diagnostischen Konzepten und Indikationen therapeutischer Interventionsmaßnahmen hat, verdeutlichen DENEKE et al. (1981, p. 52f):

> »Da wir als Diagnostiker überwiegend *einer* psychotherapeutischen Richtung (z.B. als Psychoanalytiker, Verhaltens- oder Familientherapeuten) verpflichtet sind, betrachten wir nun notwendigerweise unsere Patienten aus diesem einen Gesichtswinkel: Wir nehmen sie selektiv wahr und verarbeiten die erhaltenen Informationen einstellungskonform, d.h. im Sinne unserer jeweiligen Therapiekonzepte. Wichtige Aspekte, die außerhalb unseres Gesichtsfeldes liegen, bleiben unberücksichtigt. Eine Reihe von Lebensbereichen mit den in ihnen wirkenden Bedingungen und die krankheitsauslösenden und -stabilisierenden Faktoren bleiben uns mehr oder weniger verschlossen. Darüber erweist es sich oft, daß die Therapieform, die wir gelernt haben, für einen Patienten nicht geeignet erscheint, wir aber inkompetent sind, eine andere Therapie vorzuschlagen, da entweder empirisch begründete Indikationsregeln fehlen [...] oder wir nicht in der Lage sind, die Indikation für andere als unsere Therapierichtung einzuschätzen.«

Psychologen, die sich in der Behandlung der Anorexia nervosa streng an einem schulenspezifischen Ansatz orientieren, bilden wahrscheinlich eine Minderheit neben Kollegen, die verschiedene Interventionsmaßnahmen, welche in unterschiedlichen psychotherapeutischen Schulen entwickelt wurden, in ihrer Arbeit kombinieren. Gerade bei Anorexia nervosa würde eine schulenspezifische therapeutische Intervention zu einer bedauerlichen Reduktion psychologischer Handlungsalternativen führen. Denn diese Störung zeichnet sich durch eine Vielfalt somatischer, emotionaler, kognitiver und behavioraler Probleme aus, die nicht nur als Problem eines Individuums sondern als Problem eines gesamten Familiensystems gesehen werden kann. Sie steht im Zusammenhang mit anderen Problemen des Individuums und der Familie, deren Entwicklung durch eine Reihe von Sozialisationsbedingungen begünstigt werden kann, an deren Aufrechterhaltung vermutlich eine Vielzahl somatischer, psychischer und systemischer Faktoren beteiligt sind. Die prädisponierenden, auslösenden und aufrechterhaltenden Bedingungen sind bei jedem Individuum und jedem Familiensystem in einzigartiger Weise kombiniert.

Im Interesse der Klienten sollten sich Psychologen angesichts dieser komplexen Störung auch nicht darauf beschränken, verschiedene Personen mit anorektischer Symptomatik selektiv verschiedenen Kombinationen schulenspezifischer Interventionsmaßnahmen zuzuordnen, sondern versuchen, auf interindividuelle Unterschiede und intraindividuelle Veränderungen im Therapieprozeß durch Kombination verschiedener Interventionsmaßnahmen, die in verschiedenen Therapieschulen entwickelt wurden, adaptiv zu reagieren. Dadurch vergrößert sich die Chance, daß alle für eine bestimmte Person oder eine bestimmte Familie relevanten Problembereiche und die spezifischen Problembedingungen in der Therapie berücksichtigt werden, und daß Therapieziele und Interventionsmaßnahmen entwickelt werden, die auf die spezifischen Voraussetzungen und Bedürfnisse der Person oder der gesamten Familie zugeschnitten sind. Allerdings sollte eine Integration schulenspezifischer Maßnahmen nicht willkürlich erfolgen, sondern auf psychologisch begründbaren und überprüfbaren, bewußten Annahmen und Entscheidungen beruhen. Über erste Versuche einer Integration schulenspezifischer Interventionsmaßnahmen berichten MINUCHIN und seine Mitarbeiter, aber auch PETZOLD (1979), SCHÜTZE (1980), FICHTER (1981) und BRINKMANN, SCHACHTSCHNEIDER & SCHWARZ (1981).

Soll die Diagnostik und Indikation therapeutischer Interventionsmaßnahmen bei Personen mit anorektischer Symptomatik differentiell und adaptiv erfolgen, das heißt sensibel für interindividuelle Unterschiede und intraindividuelle Veränderungen sein, muß im Therapieprozeß die Vielfalt schulenspezifischer Annahmen zur anorektischen Symptomatik, zu ihren Entstehungs- und Verlaufsbedingungen und deren Implikationen für die Bestimmung therapeutischer Ziele, die Auswahl von Interventions- und Evaluationsverfahren am Einzelfall wiederholt auf ihre praktische Relevanz überprüft werden. Diese Aufgabe kann vermutlich am ehesten von einem Team bewältigt werden, dessen Mitarbeiter sich an verschiedenen Ansätzen orientieren – sie könnte aber auch von einem Psychologen übernommen werden, der Theorie und Praxis verschiedener Ansätze in seinem Handeln integriert.

Möglichkeiten und Grenzen der Integration verschiedener theoretischer und therapeutischer Ansätze in der Behandlung der Anorexia nervosa sind bisher kaum untersucht worden. Die Frage, welche Behandlung durch wen für welche anorektische Person unter welchen Bedingungen am effektivsten erscheint, ist offen – erste Versuche, sie zu beantworten, werden jedoch unternommen (vgl. KALUCY et al. 1984). Die Frage, welche Kombination von Interventionsmaßnahmen unter welchen Bedingungen bei welchen Klienten welche erwünschten und unerwünschten Wirkungen und Nebenwirkungen hervorruft, sollte in der Behandlung einzelner Personen mit anorektischer Symptomatik überprüft werden.

LOHMANNS (1982) heuristisches »Modell praktisch-psychologischen Handelns« könnte der theoretische Rahmen sein für eine differentielle und adaptive psychologische Intervention, bei der verschiedene schulenspezifische Ansätze in der Behandlung von Personen mit anorektischer

Symptomatik und ihren Angehörigen zu integrieren sind. Es beruht auf folgenden Annahmen:

1. Menschliches Fehlverhalten läßt sich nicht hinreichend durch die Zuordnung zu einer nosologischen Kategorie wie »Anorexia nervosa« abbilden.

2. Der Anfangszustand des Klienten und der anzustrebende Endzustand können nicht als bereits bekannt vorausgesetzt werden – wozu die Orientierung an einem schulenspezifischen Bestimmungs-, Erklärungs- und Behandlungsansatz der Anorexia nervosa verleiten mag –; eine »allgemeine Gesetzlichkeit« muß zunächst am individuellen Fall überprüft werden.

3. Es gibt keine endgültigen Normen zur Bewertung von Handlungen, so daß Unstimmigkeiten im problembehafteten Handeln des Klienten und im aktuellen interaktiven Handeln von Klient und Psychologe im Diskurs von beiden gemeinsam zu bestimmen sind. Dies bedeutet auch, daß die anorektische Symptomatik, die sich in einer konkreten Situation manifestiert, nur dann als Problem angesehen wird, auf dessen Lösung die psychologische Behandlung ausgerichtet ist, wenn Psychologe und Klientin sie als Problem und dieses Problem als zentral und dringlich einschätzen und eine Problemlösung wünschen.

4. Nicht nur das Handeln des Psychologen sondern auch das Handeln des Klienten kann als absichtsvoll, zielgerichtet, kontrollierbar und potentiell bewußt verstanden werden; neben dem Fehlverhalten und den Defiziten des Klienten sollten auch seine Kompetenzen berücksichtigt und genutzt werden. Für die Behandlung einer Anorektikerin bedeutet dies, daß sich der Psychologe nicht damit begnügen sollte, das Handeln dieser Person als Reaktion auf Triebimpulse oder Umweltreize zu verstehen, das möglicherweise durch vergangene Erlebnisse determiniert ist. Er sollte vielmehr diese Person als jemand wahrnehmen, der mit seiner Umwelt interagiert, dessen Handeln insofern auf die Gegenwart und Zukunft ausgerichtet ist, als es – selbstverständlich unter Berücksichtigung vergangener Erfahrungen – dem Ziel genügt, eigene Bedürfnisse der Person und Umweltbedingungen in Einklang zu bringen und Einfluß auf sich selbst und die Umwelt zu nehmen. Das heißt, neben den negativen Konsequenzen, die aus anorektischen Verhaltensmustern resultieren, sollten auch positive Funktionen berücksichtigt werden, die dieses Verhalten möglicherweise erfüllt.

5. Die therapeutische Situation kann als Spiegel für Situationen im Alltag des Klienten verstanden werden. (So mag sich im interaktiven Handeln des Klienten ein generelles Problem desselben manifestieren.) Sie kann zudem als Übungsfeld für verändertes Verhalten und Erleben des Klienten genutzt werden. Falls der anorektischen Symptomatik bei-

spielsweise tatsächlich ein »dialogische Funktion« zukommt, wie dies RICHTER (1965) unterstellt, müßte sich dies auch aus der Analyse des interaktiven Handelns von Klientin und Psychologe ergeben. Und im interaktiven Handeln der beiden sollte die Möglichkeit gegeben sein, Verhaltensalternativen der Klientin zu entdecken und auszuprobieren.

LOHMANNS (1982) Modell stellt einen idealtypischen Interaktionsprozeß dar, in dem Klient und Psychologe partnerschaftlich versuchen, die Probleme des Klienten zu lösen. Dies impliziert, daß der Klient auch an der Planung und Evaluation der therapeutischen Interaktion beteiligt wird. Es bedeutet, daß der Psychologe Ziele, die er bei seinen Interaktionen verfolgt, und Maßnahmen, die er dazu ergreift, dem Klienten gegenüber offenlegt, und daß Klient und Psychologe gemeinsam eine Intervention und ihren Erfolg bewerten und über einen Abbruch oder eine Fortsetzung der Behandlung entscheiden.

Als übergeordnetes Behandlungsziel ergibt sich die Befähigung des Klienten, seine Probleme selbständig zu lösen.

Literatur

AGRAS, W. & WERNE, J. 1977. Behavior modification in anorexia nervosa. Research foundations. In: VIGERSKY 1977, p. 291–303.

AGRAS, W., BARLOW, D. H., CHAPIN, H. N., ABEL, G. G. & LEITENBERG, H. 1973. Behavior modification of anorexia nervosa. Archives of General Psychiatry 30, 279–286.

ALLISON 1931 (Nach: MESTER 1981, p. 229).

ANDERSEN, A. E. 1983. Anorexia nervosa and bulimia. A spectrum of eating disorders. Journal of Adolescent and Health Care 4 (1), 15–21.

ASKEVOLD, F. 1982. Social class and psychosomatic illness. Psychotherapy and Psychosomatics 38, 256–259.

BAADE, F.-W., BORCK, J., KOEBE, S. & ZUMUENNE, G. 1982⁴. Theorien und Methoden der Verhaltenstherapie. Eine Einführung (= Forum für Verhaltenstherapie und Psychosoziale Praxis, Band 1) Tübingen: Deutsche Gesellschaft für Verhaltenstherapie.

BACHRACH, A. J., ERWIN, W. J. & MOHR, J. P. 1965. The control of eating behavior in an anorexic by operant conditioning techniques. In: ULLMANN, L. P. & KRASNER, L. (Ed.) Case studies in behavior modification. New York: Holt, Rinehart & Winston, p. 153–163.

BARROWS, S. E. 1983. Interview mit Mara Selvini Palazzoli und Guiliana Prata. Familiendynamik 3 (8), 252–265.

BECK, J. C. & BROCHNER-MORTENSEN, K. 1954. Observations on the prognosis in anorexia nervosa. Acta Medica Scandinavica 149, 409–430.

BECKER, H.-W., MROSE, W., SCHMITT, M., WALK, M. 1977. Psychopathologische Klassifikationssysteme. Kritische Bemerkungen. Trier: Psychologisches Institut der Universität Trier (Projektarbeit).

BECKER, P. 1978. Differentialätiologie. In: SCHMIDT 1978, p. 100–127.

BEMIS, K. M. 1978. Current approaches to the etiology and treatment of anorexia nervosa. Psychological Bulletin 85, 593–617.

BHANJI, S. & THOMPSON, J. 1974. Operant conditioning in the treatment of anorexia nervosa: A review and retrospective study of 11 cases. British Journal of Psychiatry 124, 166–172.

BINDER, U. & BINDER, H.-J. 1979. Klientenzentrierte Psychotherapie bei schweren psychischen Störungen. Neue Handlungs- und Therapiekonzepte zur Veränderung. Frankfurt a. M.: Fachbuchhandlung für Psychologie.

BLINDER, B. J., FREEMAN, D. M. A. & STUNKARD, A. J. 1970. Behavior therapy of anorexia nervosa: Effectiveness of activity as a reinforcer of weight gain. American Journal of Psychiatry 126, 1093–1098.

BLISS, E. L. & BRANCH, C. H. 1960. Anorexia nervosa, its history, psychology and biology. New York: Hoeber (Nach: MESTER 1981, p. 229).

BLITZER, J. R., ROLLINS, N. & BLACKWELL, A. 1961. Children who starve themselves: Anorexia nervosa. Psychosomatic Medicine 23, 369–383 (Nach: MESTER 1981, p. 230).

BORN, E. 1978. Psychologische Ansätze zur Erklärung und Behandlung psychosomatischer Erkrankungen unter besonderer Berücksichtigung der Colitis ulcerosa. Trier: Psychologisches Institut der Universität Trier (Diplomarbeit).

BOSKIND-LODAHL, M. 1976. Cinderella's stepsisters: A feminist perspective on anorexia nervosa and bulimia. Signs 2 (1), 120–146 (Republikation in: WILLIAMS, J. H. (Ed.) 1979. Psychology of women. Selected readings. New York: Norton, p. 436–448).

BOSKIND-LODAHL, M. & SIRLIN, J. 1979. Frauen zwischen Freß- und Magersucht. Psychologie Heute 3 (7), 70–75.

BRADY, J. P. & RIEGER, W. 1975. Behavioral treatment of anorexia nervosa. In: THOMPSON, T. & DOCKENS, W. S. III (Ed.) Applications of behavior modification. New York: Academic Press. p. 45–63.

BRÄUTIGAM, W. 1973. Pubertätsmagersucht. In: MÜLLER, C. (Ed.) Lexikon der Psychiatrie. Gesammelte Abhandlungen der gebräuchlichsten psychopathologischen Begriffe. Berlin: Springer, p. 423.

BRÄUTIGAM, W. & CHRISTIAN, P. 1975². Psychosomatische Medizin. Ein kurzgefaßtes Lehrbuch für Studenten und Ärzte. Stuttgart: Thieme.

BRINKMANN, W., SCHACHTSCHNEIDER, C. & SCHWARZ, D. 1981. Die Behandlung der Anorexia nervosa in einer Psychosomatischen Klinik. In: MEERMANN 1981, p. 123–133.

BROWNING, C. H. & MILLER, S. J. 1968. Anorexia nervosa: A study in prognosis and management. The American Journal of Psychiatry 124, 1128–1132.

BRUCH, H. 1965. The psychiatric differential diagnosis of anorexia nervosa. In: MEYER & FELDMANN 1965, p. 70–86.

BRUCH, H. 1973. Eating Disorders. Obesity, anorexia nervosa and the person within. New York: Basic Books (Republikation: 1974. London: Routledge & Kegan).

BRUCH, H. 1974. Perils of behavior modification in treatment of anorexia nervosa. Journal of the American Medical Association 230, 1419–1422.

BRUCH, H. 1978. The golden cage. The enigma of anorexia nervosa. Cambridge: Harvard University Press (Übersetzung 1980. Der goldene Käfig. Das Rätsel der Magersucht. Frankfurt a. M.: Fischer).

BRUCH, H. 1982. Anorexia nervosa: Therapy and theory. The American Journal of Psychiatry 139, 1531–1538.

BRUCH, H. 1984. Four Decades of Eating Disorders. In: GARNER & GARFINKEL 1984, p. 7–18.

BURBECK, T. W. 1979. An empirical investigation of the psychosomatogenic family model. Journal of Psychosomatic Reserarch 23, 327–337.

BUTTON, E. J., FRANSELLA, F. & SLADE, P. D. 1977. A reappraisal of body perception disturbances in anorexia nervosa. Psychological Medicine 7, 235–243.

CANTWELL, D. P., STURZENBERGER, S., BURROUGHS, J., SALKIN, B. & GREEN, J. K. 1977. Anorexia nervosa – An affective disorder? Archives of General Psychiatry 34, 1087–1093.

CARRIER, J. 1939. L'anorexie mentale. Trouble instinctivo-affectif. Paris: Le François (Nach: MESTER 1981, p. 229).

CASPER, R. C., HALMI, K. A., GOLDBERG, S. C., ECKERT, E. & DAVIS, J. M. 1979. Disturbances in body image estimation as related to other characteristics and outcome in anorexia nervosa. British Journal of Psychiatry 134, 60–66.

CLAUSER, G. 1964. Das Anorexia-nervosa-Problem unter besonderer Berücksichtigung der Pubertätsmagersucht und ihrer klinischen Bedeutung. Ergebnisse der inneren Medizin und Kinderheilkunde 21, 97–164.

CLEMENZ, M. 1983. Intervenieren ohne Interpretieren. Die Wissenschafts-Illusion der Familientherapie. Psychologie Heute 5 (10), 42 f.

CREMERIUS, J. 1978. Zur Prognose der Anorexia nervosa (11 sechsundzwanzigjährige bis neunundzwanzigjährige Katamnesen psychotherapeutisch unbehandelter Fälle) Zeitschrift für Psychosomatische Medizin und Psychoanalyse 24, 56–69.

CRISP, A. H. 1965. Clinical and therapeutic aspects of anorexia nervosa – A study of 30 cases. Journal of Psychosomatic Reserarch 9, 67–78.

CRISP, A. H. 1981/82. Anorexia nervosa at normal body weight! – The abnormal normal weight control syndrome. The International Journal of Psychiatry in Medicine 11 (3), 203–231.

CRISP, A. H. & TOMS, D. A. 1972. Primary anorexia nervosa or weight phobia in the male: Report on 13 cases. British Medical Journal 1, 334–338.

CRISP, A. H., HARDING, B. & MCGUINESS, B. 1974. Anorexia nervosa. Psychoneurotic characteristic of parents. Relationship to prognosis. Journal of Psychosomatic Research 18, 167–173.

CRISP, A. H., KALUCY, R. S., LACEY, J. H. & HARDING, B. 1977. The long-term prognosis in anorexia nervosa. Some factors predictive of outcome. In: VIGERSKY 1977, p. 55–65.

DALLY, P. J. 1969. Anorexia nervosa. London: Heinemann.

DALLY, P. J. & SARGANT, W. 1966. Treatment and outcome of anorexia nervosa. British Medical Journal 5530, 793–795 (Nach: ROHRMEIER 1982, p. 52 f).

DECOURT, J. 1964. Sur l'anorexie mentale de l'adolescence dans le sexe masculin. Revue de Neuropsychiatrie infantile 12, 499–503 (Nach: MESTER 1981, p. 230).

DENEKE, F. W., STUHR, U., DENEKE, C., BÜHRING, B., FRANZ, A. & KRUSE, H. P. 1981. Ein praxisnaher Ansatz zur Erarbeitung von Indikationskriterien für psychosomatische Patienten. In: BAUMANN, U. (Ed.) Indikation zur Psychotherapie. Perspektiven für Praxis und Forschung (= Fortschritte der Klinischen Psychologie, Band 25) München: Urban & Schwarzenberg, p. 52–66.

DINSLAGE, A. 1982. Was soll aus dem Kind werden? Ist Prävention psychischer Probleme in der Familie möglich? Psychologie Heute 2 (9), 30–36.

DOMINICK, B. 1982. Anorexia nervosa als weibliche Problematik. Trier: Psychologisches Institut der Universität Trier (Unveröffentlichtes Manuskript).

DUDDLE, M. 1973. An increase of anorexia nervosa in a university population. British Journal of Psychiatry 123, 711 f.

ECKART, W. 1981. Anorexia nervosa historica? Theoretisch-historische Anmerkungen zu einem Forschungsproblem. In: MEERMANN 1981, p. 74–83.

ECKERT, E. D., GOLDBERG, S. C., HALMI, K. A., CASPER, R. C. & DAVIS, J. M. 1982. Depression in anorexia nervosa. Psychological Medicine 12, 115–122.

EPPLE, H. 1984. Familientherapie bei Magersucht. In: REMSCHMIDT 1984, p. 71–76.

ERNST, C. & VON LUCKNER, N. 1985. Stellt die Frühkindheit die Weichen? Eine Kritik an der Lehre von der schicksalhaften Bedeutung erster Erlebnisse. Stuttgart: Enke (= Forum der Psychiatrie, Neue Folge, Band 23).

FANCONI, G. 1956[4]. Pathologie des Wachstums und der endokrinen Drüsen. In: FANCONI, G. & WALLGREN, A. (Ed.) Lehrbuch der Pädiatrie. Basel: Schwabe (Nach: MESTER 1981, p. 229).

FARQUHARSON, R. F. & HYLAND, H. H. 1966. Anorexia nervosa. The course of 15 patients treated from 20 to 30 years previously. The Canadian Medical Association Journal 94, 411–419.

FEIGHNER, J. P., ROBINS, E., GUZE, S. B., WOODRUFF, R. A., WINOKUR, G. & MUNDZ, R. 1972. Diagnostic criteria for use in psychiatric research. Archives of General Psychiatry 26, 57–63.

FEYERABEND, P. 1983. Wissenschaft als Kunst. Psychologie Heute 9 (10), 56–62.

FICHTER, M. M. 1981. Zur Verhaltenstherapie und Prognose der Pubertätsmagersucht. Verlaufsuntersuchung bei Patienten mit hohem Rückfallrisiko. In: MEERMANN 1981, p. 238–253.

FICHTER, M. M. & FOUKI, Z. 1981. Epidemiologische Aspekte der Anorexia nervosa. In: MEERMANN 1981, p. 56–68.

FICHTER, M. M. & KEESER, W. 1980. Das Anorexia-nervosa-Inventar zur Selbstbeurteilung (ANIS). Archiv für Psychiatrie und Nervenkrankheiten 228, 67–80.

FICHTER, M. M. & MEERMANN, R. 1981. Zur Psychopathometrie der Anorexia nervosa. In: MEERMANN 1981, p. 17–31.

FITTKAU, B. 1982. Ein ganzheitliches Menschenbild als Kern einer integrativen Therapie. In: PETZOLD, H. (Ed.) Methodenintegration in der Psychotherapie (= Vergleichende Psychotherapie, Band 5) Paderborn: Junfermann, p. 47–58.

FLECK, L., LANGE, J. & THOMÄ, H. 1965. Verschiedene Typen von Anorexia nervosa und ihre psychoanalytische Behandlung. In: MEYER & FELDMANN 1965, p. 87–95.

FRAM, H. 1965. Ergebnisse einer systematisch durchgeführten, somatisch orientierten Behandlungsform bei Kranken mit Anorexia nervosa. In: MEYER & FELDMANN 1965, p. 64–67.

FRAHM, H. 1966. Beschreibung und Ergebnisse einer somatisch orientierten Behandlung von Kranken mit Anorexia nervosa. Medizinische Wochenschrift 17, 2004–2011, 2068–2074 (Nach: MESTER 1981, p. 230).

FRAZIER, S. H. 1965. Anorexia nervosa. Diseases of the nervous system 26, 155–159.

FREUD, S. 1972[21]. Abriß der Psychoanalyse. Das Unbehagen in der Kultur. Frankfurt a. M.: Fischer.

FRIES, H. 1977. Studies on secondary amenorrhea, anorectic behavior and body-image perception: Importance for the early recognition of anorexia nervosa. In: VIGERSKY 1977, p. 163–176.

GARFINKEL, P. E., MOLDOFSKY, H. & GARNER, D. M. 1977. The outcome of anorexia nervosa. Significance of clinical features, body image and behaviour modification. In: VIGERSKY 1977, p. 315–329.

GARFINKEL, P. E., GARNER, D. M., ROSE, J., DARBY, P. L., BRANDES, J. S., O'HANLON, J. & WALSH, N. 1983. A comparision of characteristics in the families with anorexia nervosa and normal controls. Psychological Medicine 13 (4), 821–828.

GARNER, D. M. & BEMIS, K. M. 1984. Cognitive therapy for anorexia nervosa. In: GARNER & GARFINKEL 1984, p. 107–146.

GARNER, D. M. & GARFINKEL, P. E. (Ed.) 1984. Handbook of Psychotherapy for Anorexia nervosa and Bulimia. New York: Guilford Press.

GEISSNER, E. & NEPPL, R. 1978. Zur Kritik der »Pragmatischen Kommunikationstheorie von P. WATZLAWICK et al.« Trier: Psychologisches Institut der Universität Trier (Projektbericht).

GERARDS, M. 1981. Familientheoretische Ansätze zur Erklärung der Anorexia nervosa. Trier: Psychologisches Institut der Universität Trier (14 Tage Hausarbeit).

GOODSITT, A. 1984. Self psychology and the treatment of anorexia nervosa. In: GARNER & GARFINKEL 1984, p. 55–82.

GRAWE, K. & DZIEWAS, H. 1978. Interaktionelle Verhaltenstherapie. In: DEUTSCHE GESELLSCHAFT FÜR VERHALTENSTHERAPIE (Ed.). Fortschritte der Verhaltenstherapie. Kongreßbericht. Berlin 1977 (= Mitteilungen der DGVT, Sonderheft 1/1978) Weinheim: Beltz, p. 27–49.

GUTEZEIT, G. 1981. Eßstörungen im Kindes- und Jugendalter mit negativer Energiebilanz. Anorexia nervosa. Diagnose und Therapie. In: KAPPUS, W. et al. (Ed.). Möglichkeiten und Grenzen der Veränderung des Ernährungsverhaltens. 3. Wissenschaftliche Arbeitstagung der Arbeitsgemeinschaft Ernährungsverhalten e. V. (= Schriftenreihe der Arbeitsgemeinschaft Ernährungsverhalten e. V., Band 1) Göttingen: Goltze, p. 90–98.

HALEY, J. 1978. Gemeinsamer Nenner Interaktion. Strategien der Psychotherapie (= Leben lernen, Band 34) München: Pfeiffer (Original: 1963. Strategies of psychotherapy. New York: Grune & Stratton).

HALMI, K., BRODLAND, G. & LONEY, J. 1973. Prognosis in Anorexia nervosa. Annals of Internal Medicine 5, 907–909.

HALMI, K. A., GOLDBERG, S. C., ECKERT, E., CASPER, R. & DAVIS, J. M. 1977. Pretreatment evaluation in anorexia nervosa. In: VIGERSKY 1977, p. 43–54.

HAUTZINGER, M. 1980. Anorexia nervosa: A Behavior-analytical model. Behavioural Analysis and Modification 4, 210–223.

HEMMINGER, H. 1983. »Ein ›Wiederholen‹ frühkindlicher Erlebnisse kann es gar nicht geben.« Psychologie Heute 4 (10), 56–58.

HERTZ, H. 1952. Anorexia nervosa. Acta Medica Scandinavica 142, 523–527 (Monograph Supplement No. 266) (Nach: MESTER 1981, p. 229).

HEXT, M. & MURCHAND, A. 1972. Adolescent anorexia: the patient. An approach. Journal of Psychiatric Nursing and Mental Health Services 10, 18–23 (Nach: MESTER 1981, p. 230).

HOFNER, B. 1978. Theorie und Therapie der Anorexia nervosa unter besonderer

Berücksichtigung von Familie und Familientherapie. Heidelberg: Psychologisches Institut der Universität Heidelberg (Diplomarbeit).

HOGAN, W. M., HUERTA, E. & LUCAS, A. R. 1974. Diagnosing anorexia nervosa in males. Psychosomatics 3 (15), 122–126.

HOLZKAMP, K. 1977⁵. Kritische Psychologie. Vorbereitende Arbeiten. Frankfurt a. M.: Fischer.

HOPPE, C., ABEL, B. & TÖGEL, I. 1960. Beitrag zur Diagnostik und Therapie der Anorexia nervosa. Psychiatrie, Neurologie und Medizinische Psychologie 12, 449–460.

HSU, L. G. 1983. The aetiology of anorexia nervosa. Psychological Medicine 13 (2), 231–238.

HSU, L. K. G. 1980. Outcome of anorexia nervosa. A review of the literature (1954 to 1978). Archives of General Psychiatry 37, 1041–1046.

HUDSON, J. J., POPE, H. G., JONAS, J. M. & YURGELUN-TODD, D. 1983. Family history study of anorexia nervosa and bulimia. British Journal of Psychiatry 142, 133–138.

JOCHENS, K. 1981. Psychische Störungen bei Frauen und therapeutische Möglichkeiten eines Selbsthilfeansatzes. Trier: Psychologisches Institut der Universität Trier (Diplomarbeit).

JOHNSON, C. 1984. Initial consultation for patients with bulimia and anorexia nervosa. In: GARNER & GARFINKEL 1984, p. 19–51.

KAJIYMA, S. 1959. Anorexia nervosa: A clinical study of twenty cases. Psychiatrie et Neurologia Japonica 61, 2256–2272 (Ref. Zbl. 158: 102) (Nach: MESTER 1981, p. 229).

KALUCY, R. S., CRIPS, A. H. & HARDING, B. 1977. A study of 56 families with anorexia nervosa. The British Journal of Medical Psychology 50, 381–395.

KALUCY, R. S., GILCHRIST, P. N., McFARLANE, C. M. & McFARLANE, A. C. 1984. The evolution of a multitherapy orientation. In: GARNER & GARFINKEL 1984, p. 458–487.

KANFER, F. H. & PHILIPPS, J. S. 1970. Learning foundations of behavior therapy. New York: Wiley.

KANFER, F. H. & SASLOW, G. 1969. Behavioral diagnosis. In: FRANKS, C. M. (Ed.) Behavior therapy. Appraisal and status. New York: McGraw-Hill. p. 417–444.

KANIS, J. A., BROWN, P. & FITZPATRICK, K. 1974. Anorexia nervosa: A clinical, psychiatric, and laboratory study. I. Clinical and laboratory investigation. Quarterly Journal of Medicine 43, 321–338 (Nach: MESTER 1981, p. 230).

KARREN, U. 1983. Anorexia nervosa. Ihre Bestimmung, Erklärung und Behandlung. Trier: Psychologisches Institut der Universität Trier (Diplomarbeit).

KAY, D. W. K. & SCHAPIRA, K. 1965. The prognosis in anorexia nervosa. In: MEYER & FELDMANN 1965, p. 113–117.

KENDELL, R. E., HALL, D. J., HAILEY, A. & BABIGIAN, H. M. 1973. The epidemiology of anorexia nervosa. Psychological Medicine 3, 200–203.

KERNBICHLER, A., FREIWALD, M., BÖHME-BLOEM, C. & AHRENS, S. 1983. Integrative Ansätze in der stationären Therapie der Anorexia nervosa. Praxis der Psychotherapie und Psychosomatik 28 (5), 223–231.

KESSLER, B. H. & ROTH, W. L. 1980. Verhaltenstherapie: Strategien, Wirkfaktoren und Ergebnisse. In: WITTLING 1980b, p. 246–287.

KEUPP, H. 1974. Modellvorstellungen von Verhaltensstörungen: »Medizinisches Modell« und mögliche Alternativen. In: KRAIKER, C. (Ed.) Handbuch der Verhaltenstherapie. München: Kindler. p. 117–148.

KING, A. 1963. Primary and secondary anorexia nervosa syndromes. British Journal of Psychiatry 109, 470–479 (Nach: MESTER 1981, p. 230).

KLOSINSKI, G. 1978. Einsatz einer kombinierten »Mal- und Märchentherapie« bei einer Pubertätsmagersucht. In: Praxis der Kinderpsychologie und Kinderpsychiatrie 27, p. 206–215.

KÖCK, H. 1982. Das Drama der begabten Mutter. Psychologie Heute 1 (9), 75–81.

KYLIN, E. 1937. Magersucht in der weiblichen Spätpubertät. Ein eigentümliches Krankheitsbild sui genesis. Deutsches Archiv für Klinische Medizin 180, 115–152 (Nach: MESTER 1981, p. 229).

LABOUCARIE, J. & BARRES. 1954. Les aspects cliniques, pathogéniques et thérapeutiques de l'anorexie mentale (d'après 50 observations). Evolution Psychiatrique 25, 119–146 (Nach: MESTER 1981, p. 229).

LAESSLE, R. 1982. Die (verlaufsorientierte) Einzelfallanalyse in der klinischen Psychologie – ein theoretischer und empirischer Beitrag zur Methodologie von N = 1 – Studien. München: Psychologisches Institut der Universität München (Diplomarbeit).

LAMBERT, M. J. 1979. The effects of psychotherapy. Band 1. Montreal: Eden Press.

LOHMANN, J. 1980. Ziele und Strategien psychotherapeutischer Verfahren. In: WITTLING 1980, p. 15–46.

LOHMANN, J. 1982. Ein Modell praktisch-psychologischen Handelns. Grundlagen, Beschreibung, Darstellung. Anlage zum »Abschlußbericht zum Modellversuch: Praxisorientierter Diplomstudiengang. Klinische Psychologie«. Trier: Psychologisches Institut der Universität Trier.

LURIA, E., MALAGUZZI, E. & SPILIMBERGO, A. 1965a. Considerazioni su aspetti variabili del quadro sintomatologica dell' anoressia mentale essenziale. Giornale di Psichiatria e di Neuropatologia 93, 375–402 (Nach: MESTER 1981, p. 230).

LURIA, E., MALAGUZZI, E. & SPILIMBERGO, A. 1965b. Ricerche catamnestische nell' anoressia mentale essenziale. Contributo clinico. Giornale di Psichiatria e di Neuropatologia 93, 403–434 (Nach: MESTER 1981, p. 230).

MAHLER, M. 1965. On the significance of the normal separation – individuation phase: With reference to research in symbiotic child psychosis. In: SCHUR, M. (Ed.) Drives, affects, behavior. Band 2. New York: International University Press. p. 161–169 (Nach: MESTER 1981, p. 230).

MARGOLIS, K. 1985. Die Knochen zeigen. Über die Sucht zu hungern. (= Rotbuch 303) Berlin: Rotbuch Verlag.

McCULLACH, E. P. & TUPPER, W. R. 1940. Anorexia nervosa. Annals of internal Medicine 14, 817–838.

MEERMANN, R. (Ed.) 1981. Anorexia nervosa. Ursachen und Behandlung (= Klinische Psychologie und Psychopathologie, Band 20) Stuttgart: Enke.

MEERMANN, R. 1982. Von der Sucht, mager zu sein. Die typischen Symptome der Anorexia Nervosa. Psychologie Heute 9 (9), 47f.

MEERMANN, R. & VANDEREYCKEN, W. 1981. Verhaltenstherapie bei Pubertätsmagersucht. In: MEERMANN 1981, p. 87–107.

MESTER, H. 1981. Die Anorexia nervosa (= Monographien aus dem Gesamtgebiete der Psychiatrie, Band 26) Berlin: Springer.

MEYER, J. E. 1961. Das Syndrom der Anorexia nervosa. Katamnestische Untersuchungen. Archiv für Psychiatrie und Nervenkrankheiten 202, 31–59.

MEYER, J. E. & FELDMANN, H. (Ed.) 1965. Anorexia nervosa. Symposium am 24./25. April in Göttingen. Stuttgart: Thieme.

MICHARD 1950 (Nach: MESTER 1981, p. 229).

MINUCHIN, S., BAKER, L. & ROSMAN, B. L. 1981. »Ihr könnt mich nicht zwingen zu essen!« Magersucht als Familienproblem. In: Psychologie Heute 3 (8), 58–65.

MINUCHIN, S., ROSMAN, B. L. & BAKER, L. 1981. Psychosomatische Krankheiten in der Familie. Mit einem Beitrag von Ronald Liebmann. Stuttgart: Klett-Cotta (Original: 1978. Psychosomatic families. Anorexia nervosa in context. Cambridge: Harvard University Press).

MISEK, K. & KEHRER, H. E. 1981. Pubertätsmagersucht bei männlichen Patienten. In: MEERMANN 1981, p. 181–201.

MORGAN, H. G. & RUSSELL, G. F. M. 1975. Value of family background and clinical features as predictors of long-term outcome in anorexia nervosa: Four year follow-up study of 41 patients. Psychological Medicine 5, 355–371.

MOSER, T. 1977². Lehrjahre auf der Couch. Bruchstücke meiner Psychoanalyse (= Suhrkamp Taschenbuch, Band 352). Frankfurt a. M.: Suhrkamp.

MÜLLER, A. 1982. Familienstrukturen in Familien mit psychosomatisch erkrankten Kindern. Trier: Psychologisches Institut der Universität Trier (Diplomarbeit).

MÜLLER, H. 1965. Über einige Probleme der Magersucht aus kinderärztlicher Sicht. In: MEYER & FELDMANN 1965, p. 60–63.

NAUJOKS, C., LIEB, H. & SCHWARZ, D. 1981. Ergebnisse und Probleme einer katamnestischen Untersuchung bei anorektischen Patienten. In: MEERMANN 1981, p. 205–237.

NISKANEN, P., JÄÄSKELÄINEN, J. & ACHTE, K. 1974. Prognosen vid anorexia nervosa. En efterundersökning av 48 patienter. Nordisk Psykiatrisk Tidsskrift 28, 160–165.

NOWLIN, N. S. 1983. Anorexia nervosa in twins. Case report and review. Journal of Clinical Psychology 44 (3), 101–105.

OLLENDICK, T. H. 1979. Behavioral treatment of anorexia nervosa. A five-year-study. Behavior Modification 3, 124–135.

ORBACH, S. 1979³. Das Anti-Diät-Buch. Über die Psychologie der Dickleibigkeit, die Ursachen von Eßsucht. München: Frauenoffensive (Original: 1978. Fat is a feminist issue. Ney York: Paddington Press).

ORBACH, S. 1984. Accepting the symptom. A feminist psychoanalitic treatment of anorexia nervosa. In: GARNER & GARFINKEL 1984, p. 83–104.

OVERBECK, A. 1979. Zur Wechselwirkung intrapsychischer und interpersoneller

Prozesse in der Anorexia nervosa. Beobachtungen und Interpretationen aus der Therapie einer Magersuchtsfamilie. Zeitschrift für psychosomatische Medizin und Psychoanalyse 3, 216ff (Nach: G., L. 1980. Der Hunger nach Wahnsinn. Sozialmagazin 2, 67).

OVERBECK, G. 1977. Das psychosomatische Symptom – Psychische Defizienzerscheinung oder generative Ich-Leistung. Psyche 31. 333–354.

PETZOLD, E. 1977. Familienkonfrontationstherapie. Heidelberg: Psychologisches Institut der Universität Heidelberg (Habilitationsschrift) (Nach: HOFNER 1978, p. 102).

PETZOLD, E. 1979. Familienkonfrontationstherapie bei Anorexia nervosa. Entwicklung eines familiendynamischen Therapiemodells. Theorie – Methodik – Verlaufsuntersuchungen (= Materialien zur Psychoanalyse und analytisch orientierten Psychotherapie, Band 2) Göttingen: Vandenhoeck & Ruprecht.

PIERLOOT, R. A., WELLENS, W. & HOUBEN, M. E. 1975. Elements of resistance to a combined medical and psychotherapeutic program in anorexia nervosa. An overview. Psychotherapy and Psychosomatics 26, 101–117.

PLICHET 1958 (Nach: MESTER 1981, p. 229).

POHLEN, M. & PLÄNKERS, T. 1982. Familientherapie. Von der Psychoanalyse zur psychosozialen Aktion. Psyche 36, 416–452.

PSYCHOLOGINNENGRUPPE MÜNCHEN 1978. Spezifische Probleme von Frauen und ein Selbsthilfeansatz. In: KEUPP, H. & ZAUMSEIL, M. (Ed.) Die gesellschaftliche Organisation psychischen Leidens. Zum Arbeitsfeld klinischer Psychologen. Frankfurt am M.: Suhrkamp. p. 221–265.

PUDEL, V. 1985. Essen. Wenn das Selbstverständlichste zum Problem wird. Psychologie Heute 5 (12), 20–29.

REMSCHMIDT, H. (Ed.) 1984. Psychotherapie in der Adoleszenz. Psychotherapie bei Zwangssyndromen und chronischen Erkrankungen, Prävention und Versorgung (= Psychotherapie mit Kindern, Jugendlichen und Familien, Band 2) (= Klinische Psychologie und Psychopathologie, Band 32) Stuttgart: Enke.

RICHTER, H.-E. 1965. Die dialogische Funktion der Magersucht. In: MEYER & FELDMANN 1965, p. 108–112.

RISER et al. 1960 (Nach: MESTER 1981, p. 229).

ROHRMEIER, F. 1982. Langzeiterfolge Psychosomatischer Therapien (= Lehr- und Forschungstexte Psychologie, Band 3) Berlin: Springer.

ROSMAN, B. L., MINUCHIN, S., BAKER, L. & LIEBMAN, R. 1977. A family approach to anorexia nervosa: Study, treatment and outcome. In: VIGERSKY 1977, p. 341–348.

ROTH, J. K. 1983. Systemische Familientherapie. Notizen zur Sommer-Konferenz von L. Boscolo und G. Cecchin, Mailand, vom 23. August bis 3. September 1982 in Tremezzo, Italien. Familiendynamik 3 (8), 266–271.

ROWLAND, C. V. JR. (Ed.) 1970. Anorexia and obesity (= International Psychiatry Clinics, Volume 7, No. 1) Boston: Little, Brown & Co.

ROWLAND, C. V. Jr. 1970. Anorexia nervosa. A survey of the literature and review of 30 cases. In: ROWLAND 1970, p. 37–137.

RUEGG, M. 1950. Zum psychischen Bild der Pubertätsmagersucht. Zürich:

Psychologisches Institut der Universität Zürich (Dissertation) (Nach: MESTER 1981, p. 229).

RUNGE, R. 1981. Nonsens – Konsens. Lassen sich Einzel- und Familientherapie integrieren? Psychologie Heute 12 (8), 68.

RUSSELL, G. F. M. 1977. General management of anorexia nervosa and difficulties in assessing the efficacy of treatment. In: VIGERSKY 1977, p. 277–289.

RYLE, J. A. 1936. Anorexia nervosa. Lancet 2, 893–899.

SARGENT, J., LIEBMAN, R. & SILVER, M. 1984. Family therapy for anorexia nervosa. In: GARNER & GARFINKEL 1984, p. 257–279.

SATIR, V. 1977². Familienbehandlung. Kommunikation und Beziehung in Theorie, Erleben und Therapie. Freiburg i. Breisgau: Lambertus (Original: 1964. Conjoint family therapy – A guide to theory and technique. Palo Alto: Science and Behavior Books).

SCHMIDBAUER, W. 1983. »Die Kindheit beeinflußt das spätere Leben, aber sie bestimmt es nicht«. Psychologie Heute 4 (10), 50f.

SCHMIDT, L. R. (Ed.) 1978. Lehrbuch der Klinischen Psychologie (= Klinische Psychologie und Psychopathologie, Band 1) Stuttgart: Enke.

SCHMIDTKE, A. 1980. Klassifikation psychischer Störungen. In: WITTLING, W. (Ed.) Verhaltensstörungen: Konzepte und Determinanten (= Handbuch der Klinischen Psychologie, Band 3) Hamburg: Hoffmann & Campe, p. 62–149.

SCHRETTER, A. 1981. Geborgenheit, die krank macht. Psychologie Heute 12 (8), 62–69.

SCHÜTZE, G. 1980. Anorexia nervosa. Bern: Huber.

SEIDENSTICKER, J. F. & TZAGOURNIS, M. 1968. Anorexia nervosa – Clinical features and longterm follow up. Journal of Chronic Diseases 21, 361–367 (Nach: ROHRMEIER 1982, p. 53f).

SELVINI PALAZZOLI, M. 1972. La famiglia con paziente anoressica: Un sistema modello. Archivio di Psicologia, Neurologia e Psichiatria 33, 311–344 (Nach: MESTER 1981, p. 230).

SELVINI PALAZZOLI, M. 1975. Die Familie des Anorektikers und die Familie des Schizophrenen: eine transaktionelle Untersuchung. Ehe 12, 107–116.

SELVINI PALAZZOLI, M. 1978. Self-starvation. From individual to family therapy in the treatment of anorexia nervosa. New York: Aronson (Übersetzung: 1982. Magersucht: von der Behandlung einzelner zur Familientherapie. Stuttgart: Klett-Cotta).

SELVINI PALAZZOLI, M. 1983. »Die Wahrheit interessiert mich nicht, nur der Effekt«. Psychologie Heute 5 (10), 39–45.

SELVINI PALAZZOLI, M., BOSCOLO, L., CECCHIN, G. & PRATA, G. 1977. Paradoxon und Gegenparadoxon. Ein neues Therapiemodell für die Familie mit schizophrener Störung. Stuttgart: Klett-Cotta.

SILVERMAN, J. A. 1977. Anorexia nervosa: Clinical and metabolic observations in a successful treatment plan. In: VIGERSKY 1977, p. 331–339.

SPERLING, E. 1965. Die »Magersucht-Familie« und ihre Behandlung. In: MEYER & FELDMANN 1965, p. 156–160.

SPERLING, E., MASSING, A., GEORGI, H., REICH, G. & WÖBBE-MÖNKS, E. 1982.

Die Mehrgenerationen-Familientherapie. Göttingen: Vandenhoeck & Ruprecht.

SPERLING, M. 1978. Psychosomatic disorders in childhood. New York: Aronson.

DER SPIEGEL. 1985. Schrei aus der Tiefe des Bauches. Der Spiegel 15 (39), 36–56.

STAFFORD-CLARK, D. 1958. Anorexia nervosa. British Medical Journal 5093, 446. (Nach: MESTER 1981, p. 32).

STEINHAUSEN, H.-C. & GLANVILLE, K. 1983. Follow-up studies of anorexia nervosa. A review of research findings. Psychological Medicine 13 (2), 239–249.

STEPHAN, G. 1981. Theorien der Entstehungsbedingungen der Anorexia nervosa. Trier: Psychologisches Institut der Universität Trier (14 Tage Hausarbeit).

STIERLIN, H. 1982. »Der liebevolle Kampf zwischen Festhalten und Loslassen«. Psychologie Heute 4 (9), 22–27.

STIERLIN, H., RÜCKER-EMBDEN, I., WETZEL, N. & WIRSCHING, M. 1980². Das erste Familiengespräch. Theorie, Praxis, Beispiele. Stuttgart: Klett-Cotta.

STONEHILL, E. & CRISP, A. H. 1977. Psychoneurotic characteristics of patients with anorexia nervosa before and after treatment and at follow up 4–7 years later. Journal of Psychosomatic Research 21, 187–193.

STROBER, M. 1981. A comparative analysis of personality organization in juvenile anorexia nervosa. Journal of Youth and Adolescence 10. 285–295.

STROBER, M., GOLDENBERG, I., GREEN, J. & SAXON, J. 1979. Body image disturbances in anorexia nervosa during the acute and recuperative phase. Psychological Medicine 9, 695–701.

TAIPALE, V., TUOMI, O. & AUKEE, M. 1971. Anorexia nervosa. An illness of two generations? Acta paedopsychiatrica 38, 21–25.

TEEGEN, F. 1978. Ansätze zur Prävention und Therapie psychischer Störungen für Frauen. In: DEUTSCHE GESELLSCHAFT FÜR VERHALTENSTHERAPIE (Ed.) Verhaltenstherapie in der psychosozialen Versorgung (= Mitteilungen der DGVT, Sonderheft 2/1978) Weinheim: Beltz. p. 155–163.

THEANDER, S. 1970, Anorexia nervosa. A psychiatric investigation of 94 female patients. Acta Psychiatrica Scandinavica (Monograph Supplement No. 214), 1–194.

THIEMANN, E. 1957. Die Pubertätsmagersucht als überwiegend psychisch bedingte Erkrankung. Stuttgart: Schattauer (Nach: MESTER 1981, p. 229).

THOMÄ, H. 1961. Anorexia nervosa. Geschichte, Klinik und Theorien der Pubertätsmagersucht. Bern: Huber/Stuttgart: Klett.

TOLSTRUP, K. 1965. Die Charakteristika der jüngeren Fälle von Anorexia nervosa. In: MEYER & FELDMANN 1965, p. 51–59.

TOLSTRUP, K., BRINCH, M. & ISAGER, T. 1984. Therapie und Verlauf der Anorexia nervosa. In: REMSCHMIDT 1984, p. 45–53.

TOMAN, W. 1968. Motivation, Persönlichkeit, Umwelt. Göttingen: Hogrefe.

VALANNE, E. H., TAIPALE, V., LARKIO-MIETTINEN, A.-K., MOREN, R. & AUKEE, M. 1972. Anorexia nervosa. A follow up study. Psychiatria Fennica 3, 265–269.

VAN BEUGHEN, L., KROPFELD, E., DE GRAEFF, J., SMEENK, D. & QUERIDO, A.

1961. Anorexia nervosa, een studie von 38 patienten. Nederlands Tijdschrift voor Geneeskunde 105, 464–470 (Nach: MESTER 1981, p. 230).

VANDEREYCKEN, W. & PIERLOOT, R. A. 1981. Ein dimensionales Modell für Eß- und Gewichtsstörungen. In: MEERMANN 1981, p. 69–73.

VANDEREYCKEN, W. & PIERLOOT, R. A. 1983. The significance of subclassification in anorexia nervosa. A comparative study of clinical features in 141 patients. Psychological Medicine 13 (3), 543–549.

VIGERSKY, R. A. (Ed.) 1977. Anorexia nervosa. New York: Raven Press.

VORDERBRÜGGE, D. & GROTH, A. 1981. Anorexia nervosa als frauenspezifische Störung: Diskussion feministischer Erklärungs- und Therapieansätze. In: MEERMANN 1981, p. 179–190.

WARREN, W. 1968. A study of anorexia nervosa in young girls. The Journal of Child Psychology and Psychiatry 9, 27–40.

WARREN & VANDEWIELE 1973 (Nach: MESTER 1981, p. 230).

WEBER, G. & STIERLIN, H. 1981. Familiendynamik und Familientherapie der Anorexia nervosa – Familie. In: MEERMANN 1981, p. 108–122.

WEDEL, S. 1979. Zur Entstehung, Diagnostik und Behandlung der Pubertätsmagersucht. In: DEUTSCHE GESELLSCHAFT FÜR VERHALTENSTHERAPIE (Ed.) Kongreßbericht DGVT II/1978. Klinische Psychologie – Fortschritte in Diagnostik und Therapie (= Mitteilungen der DGVT, Sonderheft 2/1979) Weinheim: Beltz. p. 81–91.

WHITE, M. 1983. Anorexia nervosa. A transgenerational system perspective. Family Process 22 (3), 253–273.

WILLI, J. & GROSSMANN, S. 1983. Epidemiology of anorexia nervosa in a defined region of Switzerland. The American Journal of Psychiatry 140 (5), 564–567.

WILLIAMS, E. 1958. Anorexia nervosa: A somatic disorder. British Medical Journal 2, 190–195.

WINOKUR, A., MARCH, V. & MENDELS, J. 1980. Primary affective disorders in relatives of patients with anorexia nervosa. The American Journal of Psychiatry 137, 695–698.

WIRSCHING, M. 1978. Krankheit und Familie. Heidelberg: Psychologisches Institut der Universität Heidelberg (Habilitationsschrift) (Nach: HOFNER 1978, p. 163f, 205).

WIRSCHING, M. & STIERLIN, H. 1980. Familientherapie bei psychosomatisch Kranken. In: DIERKING, W. (Ed.) Analytische Familientherapie. Gesammelte Beiträge zur Integration von psychosozialer Therapie und Selbsthilfe. Weinheim: Beltz. p. 65–71.

WIRSCHING, M. & STIERLIN, H. 1982. Krankheit und Familie. Konzepte. Forschungsergebnisse. Therapie. Stuttgart: Klett-Cotta.

WITTLING, W. (Ed.) 1980. Psychotherapeutische Interventionsmethoden (= Handbuch der Klinischen Psychologie, Band 2) Hamburg: Hoffmann & Campe.

WOODS, W. P. & HERETICK, D. M. 1983/84. Self-schemata in anorexia and obesity. Imagination, Cognition & Personality 3 (1), 31–48.

YAGER, J. 1981. Anorexia nervosa and the family. In: LANSKY, M. R. (Ed.) Family therapy and major psychopathology. New York: Grune & Stratton, p. 249–280.

YAGER, J. 1982. Family issues in the pathogenesis of anorexia nervosa. Psychosomatic Medicine 44, 43–60.

ZIEGLER, R. & SOURS, J. A. 1968. A naturalistic study of patients with anorexia nervosa admitted to a university medical center. Comprehensive Psychiatry 9, 644–651 (Nach: MESTER 1981, p. 230).

ZUTT, J. 1948. Das psychiatrische Krankheitsbild der Pubertätsmagersucht. Archiv für Psychiatrie und Nervenkrankheiten 180, 776–849 (Nach: MESTER 1981, p. 229).